数学基础模块教学指导(上册)

丛书策划主编　路小军　张毕祥

丛书策划主审　徐志雄　杨　秋　杨　燕　张　冰　冷建文

主　　　编　徐志雄　杨　秋　戴修锰

参　　　编　黄雪亭　郎鹏飞　白　艳　孙萌霞　黄圆娇
　　　　　　罗莎莎　杨继娟　何　晨　王　烨

北京理工大学出版社
BEIJING INSTITUTE OF TECHNOLOGY PRESS

版权专有　侵权必究

图书在版编目(CIP)数据

数学基础模块教学指导. 上册 / 徐志雄，杨秋，戴修锰主编. — 北京：北京理工大学出版社，2023.6
　ISBN 978-7-5763-2514-0

Ⅰ.①数… Ⅱ.①徐… ②杨… ③戴… Ⅲ.①数学课－中等专业学校－教学参考资料 Ⅳ.①G633.603

中国国家版本馆 CIP 数据核字(2023)第 112256 号

出版发行 / 北京理工大学出版社有限责任公司
社　　址 / 北京市海淀区中关村南大街 5 号
邮　　编 / 100081
电　　话 / (010)68914775(总编室)
　　　　　 (010)82562903(教材售后服务热线)
　　　　　 (010)68944723(其他图书服务热线)
网　　址 / http://www.bitpress.com.cn
经　　销 / 全国各地新华书店
印　　刷 / 定州市新华印刷有限公司
开　　本 / 787 毫米×1092 毫米　1/16
印　　张 / 11　　　　　　　　　　　　　　责任编辑 / 封　雪
字　　数 / 333 千字　　　　　　　　　　　　文案编辑 / 封　雪
版　　次 / 2023 年 6 月第 1 版　2023 年 6 月第 1 次印刷　责任校对 / 周瑞红
定　　价 / 39.00 元　　　　　　　　　　　　责任印制 / 边心超

图书出现印装质量问题，请拨打售后服务热线，本社负责调换

前　言

本书依据《中等职业学校数学课程标准》(2020年版)编写,旨在落实立德树人根本任务,推动"三教"改革,发展学生的数学学科核心素养,注重遵循中等职业学校学生的特点和实际数学基础水平,体现教材针对性和适度性,适合所有中职学生使用.

本书在内容编排上,紧紧围绕做中学、做中教的教育理念,充分践行"三教"改革,以"三学六环"教学模式为主线组织编排每一节,严格控制各章节的题量和难度,强化精讲多练,合作学习.

"三学六环"教学模式充分体现以学生为中心的教学理念,历经五年的教学实践,在昆明市官渡区职业高级中学课堂教学中取得成功,学生的学习兴趣和学习成绩得到较大提高,课堂教学效果明显改善,师生互动、生生互动和增值性评价成为课堂常态,学校公共学科中的"数学(基础模块)"获评云南省课程思政示范课程并上报教育部,2022年我校的三校生高考本科上线65人,本科上线率达42.7%,其中数学成绩优秀. 2021年学校"德技并修育人模式"获云南省教学成果一等奖,2022年学校获评云南省首批"双优"学校.学校推广的"三学六环"教学模式让教师能轻松驾驭每一节课,顺利完成教学目标任务,彰显中职类型教育特色.

"三学六环"教学模式简介. "三学"即导学—互学—评学; "六环"即导入—精讲—合作—巩固—互评—小结. "导学"包括"导入"和"精讲"两个环节,引导学生通过学生的动口、动手、动脑、展示,达到发展数学兴趣,活跃思维,锻炼勇气,培养能力的目的; "互学"包括"合作""巩固"和"小结"三个环节,围绕本节的学习目标,精心设置随堂检测习题,帮助学生进行巩固训练,通过小组合作学习,助力学生巩固知识,培养学生合作学习习惯,通过小结,引导学生归纳重点、难点、易错点、规律和方法; "评学"是指"互评"环节,通过评价指标体系,建立多元评价方式,既关注结果,更重视过程.每章配有两套单元检测题,提供有针对性的训练与考核,为学生的增值性评价和效果评价提供参考.

需要说明的是,本书依据《中等职业学校数学课程标准》(2020年版)的学业质量要求,将习题分为两个层次,其中标"*"的题目是针对学习能力相对较强的学生设置的.

实施建议:

导学(20～25 分钟)：激趣导入、要点梳理、典例精讲；

互学(10～15 分钟)：巩固训练、合作展示、提炼小结；

评学(3～5 分钟)：师生互评、生生互评、小组互评．

由于编者水平有限，书中难免有不妥之处，敬请广大读者批评指正，提出宝贵的意见和建议．

编　者

目 录

第一章 集合 ·· (1)

  1.1 集合及其表示 ·· (1)

    1.1.1 集合的概念 ·· (1)

    1.1.2 集合的表示法 ··· (6)

  1.2 集合之间的关系 ·· (11)

  1.3 集合的运算 ·· (15)

    1.3.1 交集 ··· (15)

    1.3.2 并集 ··· (20)

    1.3.3 补集 ··· (24)

  第一章 集合单元检测卷(A) ··· (28)

  第一章 集合单元检测卷(B) ··· (32)

第二章 不等式 ·· (35)

  2.1 不等式的基本性质 ·· (35)

    2.1.1 实数的大小 ·· (35)

    2.1.2 不等式的性质 ··· (39)

  2.2 区间 ·· (43)

  2.3 一元二次不等式 ·· (49)

  2.4 含绝对值的不等式 ·· (54)

  2.5 不等式应用举例 ·· (57)

  第二章 不等式单元检测卷(A) ··· (61)

  第二章 不等式单元检测卷(B) ··· (65)

第三章 函数 ·· (69)

  3.1 函数的概念 ·· (69)

3.2 函数的表示方法 ……………………………………………………………… (73)
3.3 函数的性质 …………………………………………………………………… (78)
  3.3.1 函数的单调性 ………………………………………………………… (78)
  3.3.2 函数的奇偶性 ………………………………………………………… (83)
  3.3.3 几种常见的函数 ……………………………………………………… (88)
3.4 函数的应用 …………………………………………………………………… (93)
第三章 函数单元检测卷(A) ……………………………………………………… (100)
第三章 函数单元检测卷(B) ……………………………………………………… (104)

第四章 三角函数 …………………………………………………………………… (108)

4.1 角的概念的推广 ……………………………………………………………… (108)
  4.1.1 任意角 ………………………………………………………………… (108)
  4.1.2 终边相同的角 ………………………………………………………… (113)
4.2 弧度制 ………………………………………………………………………… (117)
4.3 任意角的三角函数 …………………………………………………………… (123)
  4.3.1 任意角的三角函数定义 ……………………………………………… (123)
  4.3.2 单位圆与三角函数 …………………………………………………… (127)
4.4 同角三角函数的基本关系 …………………………………………………… (132)
4.5 诱导公式 ……………………………………………………………………… (136)
4.6 正弦函数的图像与性质 ……………………………………………………… (144)
  4.6.1 正弦函数的图像 ……………………………………………………… (144)
  4.6.2 正弦函数的性质 ……………………………………………………… (149)
4.7 余弦函数的图像与性质 ……………………………………………………… (154)
4.8 已知三角函数值求角 ………………………………………………………… (158)
第四章 三角函数单元检测卷(A) ………………………………………………… (162)
第四章 三角函数单元检测卷(B) ………………………………………………… (166)

第一章 集 合

1.1 集合及其表示

1.1.1 集合的概念

【学习目标】

知识目标：

(1)认识与理解集合、元素的概念，知道常用数集的表示符号.

(2)理解与掌握集合与元素之间的关系.

技能目标：

(1)能判断给定对象是否组成集合.

(2)能恰当运用符号表示集合与元素之间的关系.

素养目标：

能判断给定元素与集合之间的关系，并能用"$\in$"或"$\notin$"表示，逐步提升逻辑推理等核心素养.

【学习重点】

集合的基本概念与表示方法，集合中元素的三个特征.

【学习难点】

集合与元素的关系，空集的意义.

【导学】

一、导入：创设情景，导入课题

情景一：昆明市官渡区职业高级中学2022级中餐烹饪专业的全体同学可以组成一个集合.

情景二：中国古代四大发明是造纸术、印刷术、指南针和火药. 四大发明可以组成一个集合.

情景三：图书馆里，为便于查找，会按照某种方式将同一类的书刊摆放在一起. 比如，可以将所有数学书籍放在一起组成数学书籍专区，专区内所有数学书就可以组成一个集合.

情景四：平面内到原点 O 的距离等于1的所有点也可以组成一个集合.

可见，人们常会将一些研究对象组成一个整体，并且用集合这个词表示这个整体. 那么，具有什么特征的整体可以组成一个集合呢？

二、精讲：突出重点，突破难点

探究1 集合的概念.

一般地，由某些确定的对象组成的整体称为集合，简称为集. 组成这个集合的对象称为这个集合的元素. 集合常用大写英文字母表示，如集合 A，集合 B，集合 C，…；集合的元素常用小写英文字母表示，如 a，b，c，….

在上面例子中，2022级中餐烹饪专业的每一名同学都是这个集合的元素；造纸术、印刷术、指南针和火药都是四大发明组成的集合的元素；数学专区中的每本书都是这个集合的元素；已知的圆上所有的点都是这个圆的元素.

整理思考：你能列举出集合的例子吗？你所列举的集合中的元素是什么？

思考、解析典型例题：

例1 判断下列对象能否组成集合？如果能组成集合，写出它的元素. 如果不能组成集合，请说明理由.

(1) 小于6的所有自然数；　　(2) 方程 $x^2+3x-4=0$ 的所有实数解；

(3) 所有的平行四边形；　　(4) 某班级中所有高个子同学.

探究2 集合与元素之间的关系.

如果 a 是集合 A 的元素，就说 a 属于 A，记作 $a\in A$，读作"a 属于 A".

如果 a 不是集合 A 的元素，就说 a 不属于 A，记作 $a\notin A$，读作"a 不属于 A".

例2 方程 $x^2=4$ 的所有实数解组成的集合为 A，则 -2 ____ A，5 ____ A（用符号"$\in$"或"$\notin$"填空）

探究3 集合的划分.

根据集合所含有元素的个数，将集合分为：

有限集：含有有限个元素的集合称为有限集.

不含任何元素的集合称为空集，记作 $\varnothing$，空集 $\varnothing$ 也是有限集.

例如，方程 $x^2=-4$ 没有实数解，所以它的解集为 $\varnothing$.

无限集：含有无限个元素的集合称为无限集.

另：由数组成的集合称为数集.由点组成的集合称为点集.

探究 4 常用的数集.

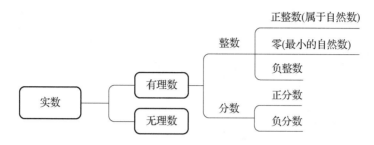

数集	自然数集	正整数集	整数集	有理数集	实数集
记法	**N**	**N*** 或 **N₊**	**Z**	**Q**	**R**

例 3 判断下列集合是有限集还是无限集：

(1)你所在学习小组的所有同学组成的集合；

(2)小于 1 的所有整数组成的集合.

【互学】

三、合作：自主学习，小组合作

1. 请各自列举集合的例子，在小组中讨论是否能组成集合.

2. 问：由 7、8、9、8、9、10 组成的集合有几个元素？

3. 由红色、绿色、蓝色组成的集合记为 A，由绿色、蓝色、红色组成的集合记为 B，这两个集合相同吗？

补充须知：

集合中元素的特征：确定性、互异性、无序性.

四、巩固：当堂检测，突破自我

1. 下列各语句中的对象能否组成集合？如果能组成集合，写出它的元素．如果不能组成集合，请说明理由．

(1)某校汉字录入速度快的学生；

(2)某校汉字录入速度为 90 字符/min 及以上的所有学生；

(3)方程 $(2x-3)(x+1)=0$ 的所有实数解；

(4)大于 -5 且小于 5 的整数；

(5)大于 3 且小于 1 的所有实数；

(6)非常接近 0 的数.

2.用符号"∈"或"∉"填空.

(1)-1 ___ **N**;　　0.5 ___ **N**;　　0 ___ **N***;

(2)-2 ___ **Z**;　　0 ___ **Z**;　　$\dfrac{1}{4}$ ___ **Z**;

(3)-3 ___ **Q**;　　$\dfrac{2}{3}$ ___ **Q**;　　π ___ **Q**;

(4)$-\dfrac{5}{3}$ ___ **R**;　　π ___ **R**;　　3 ___ **R**.

3.判断下列集合是有限集还是无限集:

(1)你所在班级的所有同学组成的集合;

(2)方程 $x+2=0$ 的所有正整数解组成的集合;

(3)小于 3 的所有整数组成的集合;

(4)数轴上表示大于 0 且小于 1 的所有点组成的集合.

五、小结:画龙点睛,提纲挈领

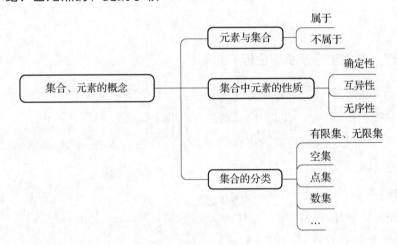

【评学】

六、互评:多元评价,促进成长

学生互评表												
评价项目	分值	等级							评价成员(第____组)			
									1	2	3	4	5	6
学习态度	10	优	10	良	8	中	6	差	4						
课堂纪律	10	优	10	良	8	中	6	差	4						

续表

评价项目	分值	等级							评价成员(第____组)					
									1	2	3	4	5	6
文明用语	10	优	10	良	8	中	6	差	4					
互帮互助	10	优	10	良	8	中	6	差	4					
学习效果	10	优	10	良	8	中	6	差	4					
创新意识	10	优	10	良	8	中	6	差	4					
参与小组活动	10	优	10	良	8	中	6	差	4					
任务单完成情况	10	优	10	良	8	中	6	差	4					
笔记情况	10	优	10	良	8	中	6	差	4					
小组贡献率	10	优	10	良	8	中	6	差	4					
合计	100													

作业：课后巩固，夯实成果

一、选择题

1. 下列关系中能组成集合的是(　　).

   A. 大于 5 的自然数　　　　　　　　B. 一切很大的数

   C. 班上个子很高的同学　　　　　　D. 世界上人口众多的国家

2. 下列集合中为无限集的是(　　).

   A. 小于 4 的自然数组成的集合

   B. 大于 0 且小于 4 的整数组成的集合

   C. 大于 0 且小于 4 的有理数组成的集合

   D. 小于 4 的正整数组成的集合

3. （多选）下列集合中为空集的是(　　).

   A. 小于 0 的整数组成的集合

   B. 大于 3 且小于 4 的有理数组成的集合

   C. 方程 $x^2+9=0$ 的解集

   D. 大于 3 且小于 4 的整数组成的集合

4*. 下列选项中正确的是(　　).

   A. $0=\varnothing$　　　　B. $0\in \mathbf{N}$　　　　C. $-1\notin \mathbf{Z}$　　　　D. $0\in \varnothing$

二、填空题

5. 用符号"$\in$""$\notin$"填空.

   $\sqrt{2}$ ___ $\mathbf{Q}$;　　　-2 ___ $\mathbf{N}$;　　　3 ___ $\mathbf{Z}$;　　　π ___ $\mathbf{R}$;　　　0 ___ $\varnothing$.

6*. 方程 $x^2-5x+3=0$ 的解集为 _____.

三、解答题

7. 判断以下集合是有限集，还是无限集：

(1) 不大于 3 的所有自然数组成的集合；

(2) 到原点的距离等于 5 的点组成的集合．

8*. 判断 -5 与方程 $x^2-4x-5=0$ 的解集之间的关系．

1.1.2 集合的表示法

【学习目标】

知识目标：

(1) 熟记集合的两种表示方法.

(2) 能选择自然语言、集合语言描述不同的问题.

技能目标：

能选择合适的方法表示给定集合.

素养目标：

培养学生运用数学语言的能力，感受集合语言的艺术和作用，学习从数学的角度认识世界，并养成规范意识，发展严谨的作风.

【学习重点】

理解并灵活运用列举法、描述法表示集合.

【学习难点】

用描述法表示集合.

【导学】

一、导入：复习旧知，导入课题

问题1：集合与元素的概念是什么？

问题2：集合与元素之间的关系是什么？

问题3：集合中的元素有什么样的特征？

问题4：表示数集的字母分别有哪些？

二、精讲：突出重点，突破难点

以下两个集合除用自然语言表示集合外，还可以用什么方法来表示集合呢？

(1) 你所在学习小组的所有同学组成的集合；

(2) 小于5的所有整数组成的集合.

探究1　用列举法表示集合.

列举法：当集合中元素的个数为有限个或呈现出某种规律时，把集合的所有元素一一列举出来，中间用逗号隔开，再用花括号"{ }"把它们括起来，这种表示集合的方法称为列举法.

试一试：用列举法表示你所在学习小组的所有同学组成的集合.

例4　用列举法表示下列集合：

(1)中国古典长篇小说四大名著组成的集合；

(2)大于-3且小于10的所有偶数组成的集合.

探究2　用描述法表示集合.

描述法：当集合的元素是无穷多个时，我们可以利用元素的特征性质来表示集合，这种方法称为描述法．用描述法表示集合时，在花括号"{ }"中画一条竖线，竖线的左侧是集合的代表元素及取值范围，竖线的右侧是元素所具有的特征性质.

如：小于5的所有整数组成的集合可表示为$\{x\in \mathbf{Z} \mid x<5\}$.

约定：如果集合的元素是实数，那么"$\in \mathbf{R}$"可略去不写，例如，$\{x\in \mathbf{R} \mid x<5\}$可以简写为$\{x \mid x<5\}$.

【互学】

三、合作：自主学习，小组合作

请同学们合作完成以下问题：

1. 用列举法表示下列集合：

(1) 大于 -5 且小于 9 的所有奇数组成的集合；

(2) 方程 $x^2-2x-3=0$ 的解集；

(3) 所有正偶数组成的集合.

2. 用描述法表示下列集合：

(1) 大于 -1 且小于 3 的所有实数组成的集合；

(2) 平方等于 9 的所有实数组成的集合；

(3) 在平面直角坐标系中，由第一象限内的所有点组成的集合.

四、巩固：当堂检测，突破自我

用适当的方法表示下列集合：

(1) 不等式 $2x+1>0$ 的解集；

(2) 方程组 $\begin{cases} 2x-y=5, \\ x+y=1 \end{cases}$ 的解集.

五、小结：画龙点睛，提纲挈领

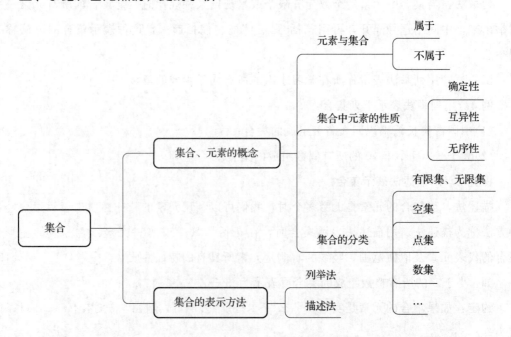

【评学】

六、互评：多元评价，促进成长

教师综合评价表				
评价项目		评价标准	分值	得分
考勤（10%）		无无故迟到、早退、旷课现象	10	
学习过程 （60%）	课前准备	课前预习工作完善，准备充分	10	
	课堂参与	能够积极参与课堂活动的开展、展示	10	
	学习态度	态度端正，无故意扰乱课堂现象	10	
	合作能力	与小组成员协调关系、合作良好	10	
	职业素养	在学习过程中能体现本专业职业素养	10	
	创新意识	在课堂上有创新意识，提出不同见解	10	
学习结果 （30%）	学习完整	能按时完成各环节学习任务	10	
	作业情况	能保证课堂课后作业正确率	10	
	成果展示	能准确表达、及时复述学习收获	10	
合计			100	

作业：课后巩固，夯实成果

一、选择题

1. 绝对值等于 3 的数组成的集合是（　　）.

   A. 3　　　　B. $\{3, -3\}$　　　　C. $\{3\}$　　　　D. 3，-3

2. 下列集合中为有限集的是（　　）.

   A. $\{x \in \mathbf{Z} \mid x < 4\}$　　　　B. $\{$平行四边形$\}$

   C. $\{x \mid x = 2n, n \in \mathbf{Z}\}$　　　　D. $\{x \mid x^2 = 1\}$

3. （多选）下列集合中为空集的是（　　）.

   A. $\{x \mid x^2 + 1 = 0\}$　　　　B. $\{x \mid x^2 = 0\}$

   C. $\{x \mid |x| < 0\}$　　　　D. $\{x \mid x^2 + 2x + 3 = 0\}$

4*. 下列集合中为无限集的是（　　）.

   A. $\{x \mid 1 < x \leqslant 4\}$　　　　B. $\{x \in \mathbf{N} \mid 1 < x \leqslant 4\}$

   C. $\{(x, y) \mid x = 0, y = 0\}$　　　　D. $\{x \mid |x| = 0\}$

二、填空题

5. 当集合中元素为_____时，把集合的所有元素_____出来，中间用逗号隔开,再用花括号"{ }"把它们括起来,这种表示集合的方法称为列举法;当集合的元素是_____时,我们可以利用元素的_____来表示集合,这种方法称为描述法.用描述法表示集合时,在花括号"{ }"中画一条竖线,竖线的左侧是集合的代表元素及取值范围,竖线的右侧是元素所具有的特征性质.

6*. 填空(特殊的整数集合).

项目	列举法	描述法
偶数集合		
奇数集合		
正偶数集合		
负偶数集合		
正奇数集合		
负奇数集合		

三、解答题

7. 用适当的方法表示集合:

在平面直角坐标系中,由 x 轴上的所有点组成的集合.

8*. 分别用列举法、描述法表示:

大于 -5 且小于 5 的所有整数组成的集合.

1.2 集合之间的关系

【学习目标】

知识目标：

(1)理解集合之间的关系(子集、真子集、相等)的概念.

(2)熟记符号"$\in$""$\notin$""$\subseteq$""$\supseteq$""$\subsetneq$""$\supsetneq$".

技能目标：

(1)能判断元素与集合、集合与集合之间的关系，并能用恰当的符号表示.

(2)会借助 Venn 图分析两个集合之间的关系.

素养目标：

(1)通过利用集合语言描述集合与集合间的关系的过程，养成规范意识，发展严谨的作风.

(2)通过利用图形研究集合间关系的过程，体验"数形结合"的探究方法.

【学习重点】

子集的概念；子集与真子集的区别；两个集合之间关系的判定.

【学习难点】

区分子集和真子集；区分集合与集合之间的关系和元素与集合之间的关系；两个无限集相等的判定.

【导学】

一、导入：创设情境，导入课题

问题 1： 请列举一个集合的例子；集合的表示方法有哪些？

问题 2： 集合与元素之间的关系是什么？符号怎么用？

问题 2： 集合与集合之间的关系是什么？

二、精讲：突出重点，突破难点

探究 1 子集与包含关系.

(1)子集与包含关系.

仔细观察下列两个集合：$A=\{1,3,5\}$ 与 $B=\{1,3,5,7,9\}$，你们发现集合 A 与 B 有什么样的关系？

像上面这样,对于两个集合 A 与 B,如果集合 A 中任何一个元素都是集合 B 中的元素,我们就说这两个集合有包含关系,并称集合 A 为 B 的子集. 记作 $A \subseteq B$(或者 $B \supseteq A$),读作 A 包含于 B(或 B 包含 A).

规定:空集是任何集合的子集.记作 $\varnothing \subseteq A$.

(2)用 Venn 图表示集合与集合之间的关系.

为了直观地表示集合间的关系,我们常用平面上封闭曲线的内部代表集合,这种图称为 Venn 图(文氏图).

注:通常 Venn 图画为圆、椭圆或矩形.

探究问题中的 $A=\{1,3,5\}$ 与 $B=\{1,3,5,7,9\}$ 的关系为 $A \subseteq B$,用 Venn 图表示为

(3)非子集与不包含关系.

如果集合 A 不是集合 B 的子集,记作 $A \nsubseteq B$ 或 $B \nsupseteq A$,读作"A 不包含于 B"(或"B 不包含 A").

例如:$C=\{1,2\}$,$D=\{1,3,5\}$,则集合 C 不是集合 D 的子集,即 $C \nsubseteq D$.

探究 2 集合与集合相等.

仔细观察下列两个集合:$A=\{1,2,3\}$ 与 $B=\{3,2,1\}$,你们发现集合 A 与 B 有什么样的关系?

像上面这样,若集合 A 和集合 B 的元素完全相同,即 A 的每个元素都是 B 的元素,而 B 的每个元素也都是 A 的元素,就说 A 和 B 相等,记作 $A=B$.

探究 3 真子集与真包含于.

仔细观察下列两个集合:$A=\{2,4\}$ 与 $B=\{2,4,6\}$,你们发现集合 A 与 B 有什么样的关系?

像上面这样,若集合 A 是集合 B 的子集,且 B 中至少有一个元素不属于 A,则 A 叫作 B 的**真子集**,记作 $A \subsetneqq B$(或 $B \supsetneqq A$),读作 A 真包含于 B(或 B 真包含 A).

注:空集是任何非空集合的真子集.

思考、解析典型例题:

例 1 用符号"$\in$""$\notin$""$\subsetneqq$""$\supsetneqq$"或"$=$"填空.

(1) $\{1,2,3,4\}$ ____ $\{2,3\}$;

(2) m ____ $\{m\}$;

(3) **N** ____ **Z**；

(4) 0 ____ $\varnothing$；

(5) $\{1\}$ ____ $\{x \mid x-1=0\}$；

(6) $\{x \mid -2<x<3\}$ ____ $\{x \mid x \geq -3\}$．

例 2 写出 $M=\{1，2，3\}$ 的所有子集，并指出哪些是它的真子集．

【互学】

三、合作：自主学习，小组合作

1. 用符号"$\in$""$\notin$""$\subsetneq$""$\supsetneq$"或"$=$"填空．

(1) 0 ____ $\{0\}$；

(2) $\varnothing$ ____ $\{0\}$；

(3) a ____ $\{a，b，c\}$；

(4) $\{a\}$ ____ $\{a，b，c\}$；

(5) $\{-4，4\}$ ____ $\{x \mid x^2=16\}$；

(6) $\{x \mid x>2\}$ ____ $\{x \mid x>3\}$．

2. 设 $M=\{a，b\}$，请写出集合 M 的所有子集，并指出其中的真子集．

四、巩固：当堂检测，突破自我

判断下列各组集合之间的关系．

(1) $A=\{x \in \mathbf{Z} \mid -2<x<3\}$ 与 $B=\{-1，0，1，2\}$；

(2) $C=\{x \mid x<-1\}$ 与 $D=\{x \mid x<0\}$；

(3) $A=\{$正方形$\}$ 与 $B=\{$矩形$\}$；

(4) $C=\{x \mid x^2-6x-7=0\}$ 与 $D=\{-1，7\}$．

五、小结：画龙点睛，提纲挈领

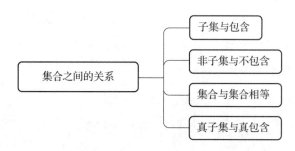

【评学】

六、互评：多元评价，促进成长

学生自评表			
评价项目	评价标准	价值	得分
考勤	无无故迟到、早退、旷课现象	10	
课前准备	课前预习工作完善，准备充分	10	
课堂参与	能够积极参与课堂活动的开展、展示	10	
学习态度	态度端正，无故意扰乱课堂现象	10	
合作能力	与小组成员协调关系、合作良好	10	
创新意识	在课堂上有创新意识，提出不同见解	10	
学习效能	学有所得，能按时按质完成课后作业	10	
数学素养	获得一定的数学抽象、逻辑推理、数学建模、数学运算、直观想象、数据分析能力	10	
职业素养	在学习过程中能体现本专业职业素养	10	
道德品质	通过学习获得一定的道德品质提升	10	
合计		100	

作业：课后巩固，夯实成果

一、选择题

1. 已知 $A=\{0,5\}$，则下列哪个选项不是集合 A 的真子集？（　　）.

   A. $\{0,5\}$　　　B. $\{0\}$　　　C. $\{5\}$　　　D. $\varnothing$

2. 已知 $A=\{0,\sqrt{3},x\}$，$B=\{0,1\}$，若 $B\subsetneqq A$，则 $x=(\quad)$.

   A. $\sqrt{3}$　　　B. 0　　　C. 1　　　D. 2

3. （多选）下列 5 个关系式中错误的是（　　）.

   A. $\{0\}\in\{0,1,2,3\}$　　　　　　　B. $\{0,1,2\}\subseteqq\{1,2,0\}$

   C. $\varnothing\in\{0\}$　　　　　　　　D. $0\in\varnothing$

4*. 下列四个命题中正确命题的个数是（　　）.

   (1) 空集没有子集；(2) 空集是任何一个集合的子集；

   (3) $\varnothing=\{0\}$；(4) 任何一个集合必有两个或两个以上的子集.

   A. 0 个　　　B. 1 个　　　C. 2 个　　　D. 3 个

二、填空题

5. 用符号"$\in$""$\notin$""$\subsetneq$""$\supsetneq$"或"$=$"填空.

(1)$\mathbf{N}$ ____ $\{0,1,2,3,\cdots\}$; (2)-3 ____ $\{1,2,3,4,5\}$;

(3)a ____ $\{a,b,c\}$; (4)$\{$菱形$\}$ ____ $\{$正方形$\}$;

(5)$\{x\mid x<0\}$ ____ $\{x\mid x<6\}$; (6)$\{x\mid x^2<0\}$ ____ $\{x\mid x^2=-1\}$.

6*. 集合$\{a,b,c,d\}$的非空真子集的个数是_____.

三、解答题

7. 写出$A=\{$小于π的正整数$\}$的所有子集,并指出其中的非空真子集.

8*. 确定$A=\{(x,y)\mid xy>0\}$与$B=\{(x,y)\mid x>0,y>0\}$之间的关系.

1.3 集合的运算

思考:实数之间可以进行运算,如$5+2=7$,$4-3=1$,$3\times7=21$. 类比这些运算,集合之间是否也可以进行运算呢?

1.3.1 交集

【学习目标】

知识目标:

理解集合交集的概念,并会进行集合的交集运算.

技能目标:

经历从两个集合交集的文字语言描述转化为用数学语言表示的过程,感受数学语言的简洁、严谨.

素养目标:

(1)能举例说明什么是两个集合的交集,并用恰当的符号表示,逐步提升数学抽象等核心素养.

(2)会借助 Venn 图分析两个集合之间的交运算,逐步提升直观想象等核心素养.

【学习重点】

(1)集合交集概念的理解.

(2)会进行集合交集运算.

【学习难点】

用描述法表示集合交集的运算.

【导学】

一、导入：创设情景，导入课题

表1-1所示为某班第一小组4位同学的登记表：

表1-1

序号	姓名	性别	是否共青团员
1	李瑞凯	男	是
2	唐朝	男	否
3	吴东毅	男	是
4	王智巍	男	否

为研究方便，用序号代表学生．例如，"1"代表学生"李瑞凯".

男生组成的集合为 $M=\{1,2,3,4\}$，共青团员组成的集合为 $P=\{1,3\}$，若集合 $S=\{1,3\}$. 那么，集合 S 中的元素与集合 M、集合 P 有什么关系？

一般地，对于给定的集合 A 与集合 B，由既属于集合 A 又属于集合 B 的所有元素组成的集合，称为集合 A 与集合 B 的**交集**，记作 $A\cap B$. 读作" A 交 B ". 即

$$A\cap B=\{x\mid x\in A\text{ 且 }x\in B\}$$

上述情景中，$S=\{1,3\}$ 是 $M=\{1,2,3,4\}$ 与 $P=\{1,3\}$ 的交集，即 $M\cap P=S$.

两个集合的交集可以用 Venn 图中的阴影(涂色)部分表示，如图(1)(2)(3)所示.

当两个集合没有公共元素时，这两个集合的交集为空集，记作 $\varnothing$，如图(4)所示.

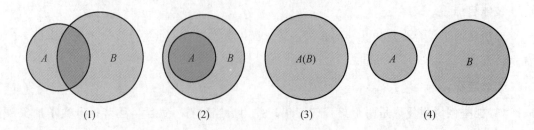

二、精讲：突出重点，突破难点

例 1 设 $A=\{-1, 0, 2, 4, 6\}$，$B=\{0, 1, 2\}$，求 $A\cap B$.

例 2 已知 $A=\{(x, y)\mid y=2x-1\}$，$B=\{(x, y)\mid y=x+3\}$，求 $A\cap B$.

例 3 设 $A=\{x\mid -2<x\leqslant 1\}$，$B=\{x\mid -1\leqslant x<3\}$，求 $A\cap B$.

【互学】

三、合作：自主学习，小组合作

根据交集的定义可知，对于任何集合 A、B，有

(1) $A\cap B=B\cap A$；

(2) $A\cap A=A$；

(3) $A\cap\varnothing=\varnothing\cap A=\varnothing$；

(4) $A\cap B\subseteq A$，$A\cap B\subseteq B$.

四、巩固：当堂检测，突破自我

1. 设 $A=\{0, 1, 2, 3, 4, 5\}$，$B=\{x\in \mathbf{N}\mid x<5\}$，求 $A\cap B$.

2. 设 $A=\{(x,y)\mid x-2y=1\}$，$B=\{(x,y)\mid x+2y=3\}$，求 $A\cap B$.

3. 设 $A=\{x\mid x>-2\}$，$B=\{x\mid x\geq 0\}$，求 $A\cap B$.

五、小结：画龙点睛，提纲挈领

集合 A 与集合 B 的交集，记作"$A\cap B$"，其中 $A\cap B=\{x\mid x\in A$ 且 $x\in B\}$.

六、互评：多元评价，促进成长

学生互评表												
评价项目	分值	等级							评价成员（第_____组）			
									1	2	3	4	5	6
学习态度	10	优	10	良	8	中	6	差	4						
课堂纪律	10	优	10	良	8	中	6	差	4						
文明用语	10	优	10	良	8	中	6	差	4						
互帮互助	10	优	10	良	8	中	6	差	4						
学习效果	10	优	10	良	8	中	6	差	4						
创新意识	10	优	10	良	8	中	6	差	4						
参与小组活动	10	优	10	良	8	中	6	差	4						
任务单完成情况	10	优	10	良	8	中	6	差	4						
笔记情况	10	优	10	良	8	中	6	差	4						
小组贡献率	10	优	10	良	8	中	6	差	4						
合计	100												

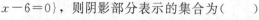

作业：课后巩固，夯实成果

一、选择题

1. 已知 $A=\{x\mid x^2=49\}$，$B=\{x\in \mathbf{N}\mid -7\leq x\leq 7\}$，则 $A\cap B=$（　　）.

   A. $\{-7,7\}$　　　B. $\{7\}$　　　C. $\{x\mid 0<x\leq 7\}$　　　D. $\{5,6,7\}$

2. 如图所示，已知 $A=\{x\in \mathbf{N}\mid 1\leq x\leq 10\}$，$B=\{x\in \mathbf{R}\mid x^2+x-6=0\}$，则阴影部分表示的集合为（　　）.

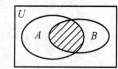

   A. $\{2\}$　　　　　　　　　　　　B. $\{3\}$

   C. $\{-3,2\}$　　　　　　　　　　D. $\{-2,3\}$

3.（多选）下列计算中正确的是（　　）.

A. 已知 $A=\{x\in \mathbf{N}^*\mid -1<x\leqslant 2\}$，$B=\{0,1,2\}$，则 $A\cap B=A$

B. 已知 $A=\{x\mid x<0\}$，$B=\{x\mid x\geqslant 0\}$，则 $A\cap B=\varnothing$

C. 已知 $A=\{x\mid x\leqslant 5\}$，$B=\{x\mid x<3\}$，则 $A\cap B=A$

D. 已知 $A=\{x\mid x^2=1\}$，$B=\{x\mid x^2-5x-6=0\}$，则 $A\cap B=\{-1\}$

4*. 已知 $A=\{x\mid 5\leqslant x\leqslant 7\}$，$B=\{x\mid 3<x\leqslant m\}$，且 $A\cap B=\{x\mid 5\leqslant x\leqslant 6\}$，则实数 $m=$（　　）.

A. 3　　　　　B. 5　　　　　C. 6　　　　　D. 7

二、填空题

5. 已知 $M=\{(x,y)\mid x+y=2\}$，$N=\{(x,y)\mid x-y=4\}$，那么 $M\cap N=$ _____.

6*. 已知 $A=\{x\mid -2\leqslant x\leqslant 4\}$，$B=\{x\mid x>a\}$，若 $A\cap B=\varnothing$，则实数 a 的取值范围为 _____.

三、解答题

7. 已知 $A=\{x\mid x<5\}$，$B=\{x\mid x\leqslant 3\}$，求 $A\cap B$.

8*. 已知 $A=\{x\mid -1<x<3\}$，$B=\{x\mid k+1<x<3-k\}$.

(1) 当 $k=-1$ 时，求 $A\cap B$；

(2) 若 $A\cap B=B$，求实数 k 的取值范围.

1.3.2 并集

【学习目标】

知识目标：

理解集合并集的概念，并会进行集合的并集运算.

技能目标：

经历从两个集合并集的文字语言描述转化为用数学语言表示的过程，感受数学语言的简洁、严谨.

素养目标：

(1)能举例说明什么是两个集合的并集，并用恰当的符号表示，逐步提升数学抽象等核心素养.

(2)会借助 Venn 图分析两个集合之间的交运算，逐步提升直观想象等核心素养.

【学习重点】

(1)集合并集概念的理解.

(2)会进行集合并集运算.

【学习难点】

用描述法表示集合间并集的运算.

【导学】

一、导入：创设情景，导入课题

下表是某班第一小组 5 位同学的登记表：

序号	姓名	性别	是否共青团员
1	李瑞凯	男	是
2	唐朝	男	否
3	吴东毅	男	是
4	王智巍	男	否
5	汪雨涵	女	是

为研究方便，用序号代表学生. 例如，"1"代表学生"李瑞凯".

设 $T=\{1,3,5\}$. 根据上表，集合 T 表示的是哪些同学组成的集合呢？这个集合的元素与女生组成的集合 $M=\{5\}$ 和共青团员组成的集合 $P=\{1,3,5\}$ 中的元素有什么关系呢？

一般地，对于给定的集合 A 与集合 B，由集合 A 与集合 B 的所有元素组成的集合，称为集合 A 与集合 B 的**并集**，记作 $A \cup B$，读作"A 并 B". 即
$$A \cup B = \{x \mid x \in A \text{ 或 } x \in B\}$$
上述情景中，$T=\{1,3,5\}$ 是 $M=\{5\}$ 与 $P=\{1,3\}$ 的并集，即 $M \cup P = T$.

两个集合的并集可以用 Venn 图中的阴影（涂色）部分表示，如图(1)(2)(3)(4)所示.

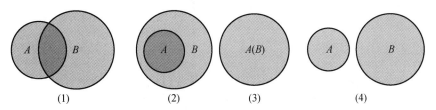

(1)　　　　(2)　　　　(3)　　　　(4)

二、精讲：突出重点，突破难点

例 1 设 $A=\{-2,-1,0,1,2\}$，$B=\{0,1,2\}$，求 $A \cup B$.

例 2 设 $A=\{x \mid -1 < x \leqslant 2\}$，$B=\{x \mid 0 < x \leqslant 3\}$，求 $A \cup B$.

【互学】

三、合作：自主学习，小组合作

根据并集的定义可知，对于任何集合 A、B，有

(1) $A \cup B = B \cup A$；

(2) $A \cup A = A$；

(3) $A \cup \varnothing = \varnothing \cup A = A$；

(4) $A \subseteq A \cup B$,$B \subseteq A \cup B$.

四、巩固：当堂检测，突破自我

1. 设 $A=\{-1,0,1,4,5\}$，$B=\{x \in \mathbf{Z} \mid -2 < x < 5\}$，求 $A \cup B$.

2. 设 $A=\{x \mid x > -1\}$，$B=\{x \mid x \geqslant 0\}$，求 $A \cup B$.

五、小结：画龙点睛，提纲挈领

集合 A 与集合 B 的并集，记作 $A \cup B$，其中 $A \cup B = \{x \mid x \in A \text{ 或 } x \in B\}$.

【评学】

六、互评：多元评价，促进成长

教师综合评价表				
评价项目		评价标准	分值	得分
考勤（10%）		无无故迟到、早退、旷课现象	10	
学习过程（60%）	课前准备	课前预习工作完善，准备充分	10	
	课堂参与	能够积极参与课堂活动的开展、展示	10	
	学习态度	态度端正，无故意扰乱课堂现象	10	
	合作能力	与小组成员协调关系、合作良好	10	
	职业素养	在学习过程中能体现本专业职业素养	10	
	创新意识	在课堂上有创新意识，提出不同见解	10	
学习结果（30%）	学习完整	能按时完成各环节学习任务	10	
	作业情况	能保证课堂课后作业正确率	10	
	成果展示	能准确表达、及时复述学习收获	10	
合计			100	

作业：课后巩固，夯实成果

一、选择题

1. 已知 $A=\{x \mid x^2=36\}$，$B=\{x\in \mathbf{N} \mid -7\leqslant x\leqslant 7\}$，则 $A\cup B=$（　　）.

   A. $\{-7, 7\}$ B. $\{7\}$

   C. $\{x \mid 0<x\leqslant 7\}$ D. $\{-6, 0, 1, 2, 3, 4, 5, 6, 7\}$

2. 下列计算中正确的是（　　）.

   A. 已知 $A=\{x\in \mathbf{N}^* \mid -1<x\leqslant 2\}$，$B=\{0, 1, 2\}$，则 $A\cup B=A$

   B. 已知 $A=\{x \mid x<0\}$，$B=\{x \mid x\geqslant 0\}$，则 $A\cup B=\mathbf{R}$

   C. 已知 $A=\{x \mid x\leqslant 5\}$，$B=\{x \mid x<3\}$，则 $A\cup B=B$

   D. 已知 $A=\{x \mid x^2=1\}$，$B=\{x \mid x^2-5x-6=0\}$，则 $A\cup B=\{-1\}$

3. （多选）若 $A=\{0, 1, 2, x\}$，$B=\{1, x^2\}$，$A\cup B=A$，则满足条件的实数 x 为（　　）.

   A. 0 B. 1 C. $-\sqrt{2}$ D. $\sqrt{2}$

4*. 已知 $A=\{x \mid x\leqslant 1\}$，$B=\{x \mid x\geqslant a\}$，且 $A\cup B=\mathbf{R}$，则实数 a 的取值范围是（　　）.

   A. $a<1$ B. $a>1$ C. $a\leqslant 1$ D. $a\geqslant 1$

二、填空题

5. 已知 $M=\{x\in \mathbf{N} \mid x\leqslant 2\}$，$N=\{x \mid |x|=2\}$，那么 $M\cup N=$ _____.

6*. 已知 $M=\{0, a^2\}$，$P=\{-1, 2a\}$，若 $M\cup P$ 有三个元素，则 $a=$ _____，$M\cup P=$ _____.

三、解答题

7. 已知 $A=\{x \mid x<5\}$，$B=\{x \mid x\geqslant 3\}$，求 $A\cup B$.

8*. 已知 $A=\{x \mid a\leqslant x\leqslant a+3\}$，$B=\{x \mid x<-6 \text{ 或 } x>1\}$.

(1)若 $A\cap B=\varnothing$，求 a 的取值范围；

(2)若 $A\cup B=B$，求 a 的取值范围.

1.3.3 补集

【学习目标】

知识目标：

理解集合补集的概念，并会进行集合补集运算.

技能目标：

经历从两个集合补集的文字语言描述转化为用数学语言表示的过程，感受数学语言的简洁、严谨.

素养目标：

(1)能举例说明什么是两个集合的补集，并用恰当的符号表示，逐步提升数学抽象等核心素养.

(2)会借助 Venn 图分析两个集合之间的交运算，逐步提升直观想象等核心素养.

【学习重点】

(1)集合补集概念的理解.

(2)会进行集合补集运算.

【学习难点】

用描述法表示集合间的补集及并补的混合运算.

【导学】

一、导入：创设情景，导入课题

下表所示是某班第一小组 5 位同学的登记表：

序号	姓名	性别	是否共青团员
1	李瑞凯	男	是
2	唐朝	男	否
3	吴东毅	男	是
4	王智巍	男	否
5	汪雨涵	女	是

为研究方便，用序号代表学生. 例如，"1"代表学生"李瑞凯".

设第一小组所有学生组成的集合为 $U=\{1,2,3,4,5\}$. 根据上表，集合 U 分别与共青团员组成的集合 $P=\{1,3,5\}$ 和不是共青团员组成的集合 $E=\{2,4\}$ 有什么关系呢？显然，集合 P 与集合 E 都是集合 U 的子集，那么集合 P 与集合 E 中的元素又有什么关系呢？

研究某些集合时，如果这些集合是一个给定集合的子集，那么这个给定的集合称为全集，通常用字母 U 表示. 在研究数集时，通常把实数集 **R** 作为**全集**.

在上述情景中，第一小组所有学生组成的集合 $U=\{1,2,3,4,5\}$ 就是这个问题中给定的全集.

一般地，如果集合 A 是全集 U 的一个子集，则由集合 U 中不属于集合 A 的所有元素组成的集合称为集合 A 在全集 U 中的**补集**，记作 $\complement_U A$. 即
$$\complement_U A=\{x \mid x \in U \text{ 且 } x \notin A\}$$

上述情境中，集合 E 就是集合 P 在全集 U 中的补集，即 $\complement_U P=E$.

集合 A 在全集 U 中的补集可以用 Venn 图中的阴影部分表示.

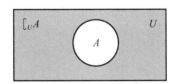

二、精讲：突出重点，突破难点

例 1 设全集 $U=\{x \in \mathbf{Z} \mid -2 < x \leqslant 6\}$，$A=\{0,1,2,4\}$，求 $\complement_U A$.

例 2 设全集 $U=\mathbf{R}$，$A=\{x \mid -2 \leqslant x < 1\}$，求 $\complement_U A$.

【互学】

三、合作：自主学习，小组合作

可以推知，对于任何集合 A 有

(1) $A \cap \complement_U A = \varnothing$；

(2) $A \cup \complement_U A = U$；

（3）$\complement_U(\complement_U A) = A$.

四、巩固：当堂检测，突破自我

1. 设全集 $U = \{x \in \mathbf{N} \mid x < 5\}$，$A = \{x \in \mathbf{N} \mid |x| = 4\}$，求 $\complement_U A$.

2. 设全集 $U = \{x \mid -2 \leqslant x < 5\}$，$A = \{x \mid 0 \leqslant x < 3\}$，求 $\complement_U A$.

五、小结：画龙点睛，提纲挈领

集合 A 在全集 U 中的补集，写作 $\complement_U A$，其中 $\complement_U A = \{x \mid x \in U \text{ 且 } x \notin A\}$.

【评学】

六、互评：多元评价，促进成长

学生自评表			
评价项目	评价标准	价值	得分
考勤	无无故迟到、早退、旷课现象	10	
课前准备	课前预习工作完善，准备充分	10	
课堂参与	能够积极参与课堂活动的开展、展示	10	
学习态度	态度端正，无故意扰乱课堂现象	10	
合作能力	与小组成员协调关系、合作良好	10	
创新意识	在课堂上有创新意识，提出不同见解	10	
学习效能	学有所得，能按时按质完成课后作业	10	
数学素养	获得一定的数学抽象、逻辑推理、数学建模、数学运算、直观想象、数据分析能力	10	
职业素养	在学习过程中能体现本专业职业素养	10	
道德品质	通过学习获得一定的道德品质提升	10	
合计		100	

作业：课后巩固，夯实成果

一、选择题

1. 若全集 $U=\{x \mid x \geqslant 2\}$，$A=\{2\}$，则 $\complement_U A=$（　　）．

   A. $\{x \mid x>2\}$ B. $\{x \mid x \leqslant 0\}$

   C. $\{x \mid x>2 \text{ 或 } x \leqslant 0\}$ D. $\{x \mid 0 \leqslant x<2\}$

2. 已知 $A=\{-1, 0, 1, 2\}$，$B=\{x \mid x \geqslant 1\}$，则图中阴影部分所表示的集合为（　　）．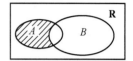

   A. $\{-1\}$ B. $\{0\}$

   C. $\{-1, 0\}$ D. $\{-1, 0, 1\}$

3. 已知全集 $U=\{0, 1, 2\}$ 且 $\complement_U A=\{2\}$，则集合 A 的真子集共有几个？（　　）

   A. 3个   B. 4个   C. 5个   D. 6个

4*. （多选）设全集 $U=\mathbf{R}$，若集合 $M \subseteq N$，则下列结论中正确的是（　　）．

   A. $M \cap N=M$ B. $M \cup N=N$

   C. $\complement_U M \subseteq \complement_U N$ D. $M \cup N \subseteq N$

二、填空题

5. 已知全集 $U=\{-4, -3, 3, 5\}$，$B=\{x \mid x^2-9=0\}$，则 $\complement_U B=$ ＿＿＿．

6*. 已知全集 $U=\mathbf{R}$，$P=\{x \mid 1 \leqslant x \leqslant 3\}$，$Q=\{x \mid x^2 \geqslant 4\}$，则 $P \cup (\complement_U Q)=$ ＿＿＿．

三、解答题

7. 已知全集 $U=\{x \mid x<2\}$，$A=\{x \mid -3<x \leqslant 1\}$，求 $\complement_U A$．

8*. 已知 $A=\{x \mid 2x-1<1\}$，$B=\{x \mid a \leqslant x \leqslant 2a-1\}$，设全集 $U=\mathbf{R}$．

(1) 求集合 A 的补集 $\complement_U A$；

(2) 若 $(\complement_U A) \cap B=\varnothing$，求 a 的取值范围．

第一章 集合单元检测卷(A)

一、单选题

1. 下列不能组成集合的是( ).

   A. 世界七大洲 B. 中国的小河流

   C. 四书五经 D. 26个英文字母

2. 下列说法中正确的是( ).

   A. $\{-2,2\}$与$\{x\mid x^2-4=0\}$表示的是同一个集合 B. $0\in\varnothing$

   C. $\{0\}=\varnothing$ D. $0=\{0\}$

3. $M=\{a,b,c\}$的真子集个数为( ).

   A. 5 B. 6 C. 7 D. 8

4. 已知$A=\{-3\}$,$B=\{x\mid |x|=-2\}$,则集合A与集合B的关系是( ).

   A. $A\subseteq B$ B. $B\subsetneq A$ C. $A=B$ D. $A\in B$

5. 若$A=\{x\mid x>0\}$,$B=\{x\mid -2<x<3\}$,则$A\cup B=$( ).

   A. $\{x\mid x>-2\}$ B. $\{x\mid -2<x<0\}$

   C. $\{x\mid 0<x<3\}$ D. $\{x\mid x>0\}$

6. 已知全集$U=\mathbf{N}$,$A=\{x\in\mathbf{N}\mid x>5\}$,则$\complement_U A=$( ).

   A. $\{x\mid x<5\}$ B. $\{x\mid x\leqslant 5\}$

   C. $\{0,1,2,3,4,5\}$ D. $\{0,1,2,3,4\}$

7. 设$M=\{a\}$,则下列关系中正确的是( ).

   A. $a=M$ B. $a\subseteq M$

   C. $a\in M$ D. $a\subsetneq M$

8. 下列五种写法中错误写法的个数是( ).

   (1)$\{0\}\in\{0,2,3\}$;(2)$\varnothing\subseteq\{0\}$;(3)$\{0,1,2\}\subseteq\{1,2,0\}$;(4)$0\in\varnothing$;
   (5)$0\cap\varnothing=\varnothing$.

   A. 1 B. 2 C. 3 D. 4

二、多选题

9. $A=\{(x,y)\mid xy>0\}$表示平面直角坐标系中( )的集合.

   A. 第一象限的点 B. 第二象限的点

   C. 第三象限的点 D. 第四象限的点

10. 下列说法中正确的是( ).

A. $A=\{x \mid 0\leqslant x\leqslant 3\}$ 是有限集

B. 已知 $A=\{1,2,3\}$，$B=\{-1,-2\}$，则 $A\cap B=\varnothing$

C. 英文字母 **N** 表示正整数集

D. 数轴上到原点的距离等于 2 的点组成的集合是有限集

11. 已知 $U=\{1,2,3,4,5,6\}$，$A=\{1,2,3\}$，集合 A 与 B 的关系如图所示，则集合 B 可能是( ).

A. $\{2,4,5\}$ B. $\{1,3\}$ C. $\{1,6\}$ D. $\{2,3\}$

12. 已知 $A=\{x \mid 4\leqslant x\leqslant 7\}$，$B=\{x \mid 5\leqslant x\leqslant m\}$，若 $A\cap B=B$，则实数 m 的值为( ).

A. 3   B. 5   C. 6   D. 7

三、填空题

13. 用适当的符号填空：

2 ____ **N**；0 ____ $\{-1,0,3\}$；**Z** ____ **Q**；$\{x \mid 2x^2=8\}$ ____ $\{x \mid |x|=2\}$；$\{0,1,2\}$ ____ $\{x\in\mathbf{N} \mid x\leqslant 3\}$.

14. 已知 $A=\{2,16\}$，$B=\{m^2,2\}$，若 $A=B$，则实数 m 的值为 _____.

15. 设 $A=\{(x,y) \mid y=-4x+6\}$，$B=\{(x,y) \mid y=5x-3\}$，则 $A\cap B=$ _____.

16. 已知 $A=\{x\in\mathbf{Z} \mid 0<x<m\}$，若集合 A 中恰好有 5 个元素，则实数 m 的取值范围为 _____.

四、解答题

17. 用适当的方法表示下列集合：

(1)小于 10 的所有正奇数；　　(2)绝对值不大于 4 的所有实数.

18. 已知 $M=\{2,3,4\}$，请写出 M 的所有子集，并指出其中的真子集.

19. 判断 $A=\{x \mid x^2+x+1=0\}$ 与 $B=\{x \mid x<9 \text{ 且 } x>12\}$ 的关系.

20. 设 $A=\{x \mid -1<x<3\}$，$B=\{x \mid -1\leqslant x\leqslant 2\}$，求 $A\cap B$，$A\cup B$.

21. 设全集 $U=\mathbf{R}$,$A=\{x\mid x\geqslant 4\}$,$B=\{x\mid x<3\}$,求 $(\complement_U A)\cup B$.

22. 设 $A=\{x\mid -1,1,3\}$,$B=\{a+2,a^2+4\}$,$A\cap B=\{3\}$,求实数 a 的值.

第一章 集合单元检测卷(B)

一、单选题

1. 下列各组对象中不能构成集合的是( ).

   A. 上课迟到的学生　　　　　B. 2022高考数学难题

   C. 所有有理数　　　　　　　D. 小于 x 的正整数

2. 已知 $A=\{0,1,2,3\}$，$B=\{2,3,4,5\}$，$Q=A\cap B$，则下列表述中正确的是( ).

   A. $4\notin Q$　　B. $1\in Q$　　C. $3\in Q$　　D. $5\in Q$

3. 全集 $U=\mathbf{R}$，则表示 $M=\{-1,0,1\}$ 和 $N=\{x\mid x^2+x=0\}$ 关系的 Venn 图是( ).

   A.　　B.　　C.　　D.

4. 已知 $M=\left\{x\left|\dfrac{5}{x}>1,x\in\mathbf{N}^*\right.\right\}$，则 M 的真子集个数是( ).

   A. 7　　B. 8　　C. 15　　D. 16

5. 已知 $A=\{0,m,m^2-3m+3\}$ 且 $1\in A$，则实数 m 的值为( ).

   A. 2

   B. 1

   C. 1 或 -3

   D. 0，1，-3 均可

6. 已知 $A=\{1,2,3\}$，则满足 $A\cup B=A$ 的非空集合 B 的个数是( ).

   A. 2　　B. 1　　C. 7　　D. 8

7. 由平面直角坐标系内第四象限的所有点组成的集合是( ).

   A. $\{(x,y)\mid x>0\text{ 且 }y<0\}$　　　　B. $\{(x,y)\mid x<0\text{ 且 }y<0\}$

   C. $\{(x,y)\mid x\geqslant 0\text{ 且 }y\leqslant 0\}$　　　　D. $\{(x,y)\mid x\leqslant 0\text{ 且 }y\leqslant 0\}$

8. 已知集合 $\{1,a,a+b\}=\left\{0,\dfrac{b}{a},b\right\}$，则下列结论中正确的是( ).

   A. $a=0$

   B. $a=1$

   C. $a=b=-1$

   D. $a=-1,b=1$

二、多选题

9. 已知 $A=\{x\mid x=3k+1,k\in\mathbf{Z}\}$，则下列判断中正确的是( ).

   A. $-4\in A$　　B. $-4\notin A$　　C. $-7\in A$　　D. $7\in A$

10. 下列集合中是无限集的是（　　）．

A. $\{x \mid x+1=0\}$　　　　　　　　B. $\{x \mid x^2+1=0\}$

C. $\{(x, y) \mid x=y\}$　　　　　　　　D. $\{x \mid 0 \leqslant x<1\}$

11. 已知 $A=\{x \mid ax^2+2x+a=0, a\in \mathbf{R}\}$，若集合 A 有且只有 2 个子集，则 a 的取值为（　　）．

A. -2　　　　B. -1　　　　C. 0　　　　D. 1

12. 已知 $A=\{1, 4, a\}$，$B=\{1, 2, 3\}$，若 $A \cup B=\{1, 2, 3, 4\}$，则 a 的取值为（　　）．

A. 2　　　　B. 3　　　　C. 4　　　　D. 5

三、填空题

13. 已知 $A=\{-2, 3, 4\}$，$B=\{x \mid x=t^2, t\in A\}$，用列举法表示集合 $B=$ _____．

14. 已知 $A=\{1, 2, m\}$，$B=\{1, 3, n\}$，若 $A=B$，则 $m+n=$ _____．

15. 已知 $A=\{1, a\}$，$B=\{2, 0\}$，若 $A \cap B=\{2\}$，则 $A \cup B=$ _____．

16. 已知 $A=\{m+2, 2m^2+m\}$，若 $3\in A$，则 m 的值为 _____．

四、解答题

17. 用描述法表示不等式 $4x-6<2$ 的解集．

18. 若全集 $U=\{x\in \mathbf{N}^* \mid x\leqslant 4\}$，且 $\complement_U A=\{2\}$，请写出集合 A 的所有子集，并指出其中的真子集．

19. 设 $A = \{-2, 0, 4\}$，$B = \{m, 2m-2\}$，如果 $A \cap B = \{0\}$，求 m 的值及集合 B.

20. 已知 $U = \mathbf{R}$，$A = \{x \mid -5 \leqslant x < 1\}$，$B = \{x \mid x \leqslant 2\}$，求 $A \cap B$，$A \cup B$，$\complement_U A$.

21. 已知 $A = \{x \mid x \leqslant 4\}$，$B = \{x \mid x > a\}$，若 $A \cap B = \varnothing$，求实数 a 的取值范围.

22. 若 $A = \{3, 5\}$，$B = \{x \mid x^2 + mx + n = 0\}$，$A \cup B = A$，$A \cap B = \{5\}$，求 m，n 的值.

第二章 不等式

2.1 不等式的基本性质

2.1.1 实数的大小

【学习目标】

知识目标：

了解实数的定义，理解不等关系.

技能目标：

会用作差法比较实数及整式的大小.

素养目标：

体会不等式在日常生活中的应用，感受数学的实用性.

【学习重点】

(1) 比较两个实数大小的方法.

(2) 比较两个整式大小的方法.

【学习难点】

利用作差法比较两个整式的大小.

【导学】

一、导入：创设情景，导入课题

问题 2006 年 7 月 12 日，在国际田联超级大奖赛洛桑站男子 110 m 栏比赛中，我国百米跨栏运动员刘翔以 12 秒 88 的成绩夺冠，并打破了尘封 13 年的世界纪录 12 秒 91，为我国争得了荣誉. 如何体现两个记录的差距？

二、精讲：突出重点，突破难点

概念 对于两个任意的实数 a 和 b，有

$$a-b>0 \Leftrightarrow a>b$$
$$a-b=0 \Leftrightarrow a=b$$
$$a-b<0 \Leftrightarrow a<b$$

因此，比较两个实数的大小，只需要考查它们的差即可．

例 1 比较 $\dfrac{2}{3}$ 与 $\dfrac{5}{8}$ 的大小．

例 2 当 $a>b>0$ 时，比较 a^2b 与 ab^2 的大小．

【互学】

三、合作：自主学习，小组合作

例 3 已知 x 是实数，试比较 $3x+1$ 和 $2x+1$ 的大小．

例 4 已知 $x<y<0$，比较 $(x^2+y^2)(x-y)$ 与 $(x^2-y^2)(x+y)$ 的大小．

四、巩固：当堂检测，突破自我

1. 设 $M=x^2$，$N=-x-1$，则 M 与 N 的大小关系是（　　）．

   A. $M>N$　　　　B. $M=N$　　　　C. $M<N$　　　　D. 与 x 有关

2. 若 $A=\dfrac{1}{x^2}+3$，$B=\dfrac{1}{x}+2$，则 A 与 B 的大小关系是（　　）．

   A. $A>B$　　　　B. $A<B$　　　　C. $A\geqslant B$　　　　D. 不确定

3. 比较 x^2+y^2+1 与 $2(x+y-1)$ 的大小．

4. 设 $a \in \mathbf{R}$ 且 $a \neq 0$，比较 a 与 $\dfrac{1}{a}$ 的大小．

五、小结：画龙点睛，提纲挈领

比较两个实数 a、b 大小的依据：

文字语言	符号表示
如果 $a>b$，那么 $a-b$ 是____；	$a>b \Leftrightarrow$ _____
如果 $a<b$，那么 $a-b$ 是____；	$a<b \Leftrightarrow$ _____
如果 $a=b$，那么 $a-b$ ____， 反之亦然	$a=b \Leftrightarrow$ _____

【评学】

六、互评：多元评价，促进成长

评价项目	分值	等级							评价成员（第____组）					
									1	2	3	4	5	6
学习态度	10	优	10	良	8	中	6	差	4						
课堂纪律	10	优	10	良	8	中	6	差	4						
文明用语	10	优	10	良	8	中	6	差	4						
互帮互助	10	优	10	良	8	中	6	差	4						
学习效果	10	优	10	良	8	中	6	差	4						
创新意识	10	优	10	良	8	中	6	差	4						
参与小组活动	10	优	10	良	8	中	6	差	4						
任务单完成情况	10	优	10	良	8	中	6	差	4						
笔记情况	10	优	10	良	8	中	6	差	4						
小组贡献率	10	优	10	良	8	中	6	差	4						
合计	100														

作业：课后巩固，夯实成果

一、选择题

1．（多选）下列关系中正确的是（　　）．

A. $-2>-1$ B. $-0.2>-0.25$

C. $0.2>0.3$ D. $0\geqslant 0$

2. 若 $x\neq -2$ 且 $y\neq 1$，则 $M=x^2+y^2+4x-2y$ 的值与 -5 的大小关系是（　　）.

A. $M>-5$ B. $M<-5$ C. $M\geqslant -5$ D. $M\leqslant -5$

3. 若 $f(x)=3x^2-x+1$，$g(x)=2x^2+x-1$，则 $f(x)$，$g(x)$ 的大小关系是（　　）.

A. $f(x)=g(x)$ B. $f(x)>g(x)$

C. $f(x)<g(x)$ D. 随 x 变化而变化

4*. 已知 a_1，$a_2\in(0,1)$，记 $M=a_1a_2$，$N=a_1+a_2-1$，则 M 与 N 的大小关系是（　　）.

A. $M<N$ B. $M>N$ C. $M=N$ D. 不确定

二、填空题

5. x^2 ____ $2x-1$.

6*. 若 $x\in \mathbf{R}$，则 $\dfrac{x}{1+x^2}$ 与 $\dfrac{1}{2}$ 大小关系为 _____.

三、解答题

7. 比较下列各组数的大小：

(1) $\dfrac{5}{7}$，$\dfrac{6}{7}$；(2) $\dfrac{2}{3}$，$\dfrac{2}{5}$；(3) $\dfrac{2}{3}$，$\dfrac{5}{7}$.

8*. 比较下列各组中的两个实数或代数式的大小：

(1) $2x^2+3$ 与 $x+2$，$x\in \mathbf{R}$；

(2) $a+2$ 与 $\dfrac{3}{1-a}$，$a\in \mathbf{R}$，且 $a\neq 1$.

2.1.2 不等式的性质

【学习目标】

知识目标：

(1)理解不等式的概念.

(2)掌握不等式的基本性质.

技能目标：

会使用不等式的性质解决问题.

素养目标：

体会不等式在日常生活中的应用，感受数学的实用性.

【学习重点】

不等式的概念和基本性质.

【学习难点】

利用不等式的性质解决问题.

【导学】

一、导入：创设情景，导入课题

探究： 用怎样的式子表示下列不等关系？

(1)校田径运动会上，小明的跳高成绩是 h m，打破了该校男子跳高记录 1.88 m，则 h 与 1.88 m 有怎样的关系？

(2)某工厂生产直径为 10 cm 的传动轮，误差不超过 0.02 cm 为合格品．若某技师生产的传动轮直径为 d cm，且是合格品，则 d 满足什么条件？

(3)用 10 m 长的篱笆围一块矩形菜地，当菜地的一边长 x 满足什么条件时，菜地面积大于 6 m²？

思考交流： 举出实际生活中用不等式来表示数量关系的例子.

二、精讲：突出重点，突破难点

我们已经知道不等式的一些基本性质：在不等号的两边同时加上一个数或者同时乘以同一个正数，不等号的方向不变，如果同时乘以同一个负数，不等号要改变方向．即

性质1： 如果 $a>b$，且 $b>c$，那么 $a>c$．（不等式的传递性）

证明： $a>b \Rightarrow a-b>0$，$b>c \Rightarrow b-c>0$，于是

$a-c=(a-b)+(b-c)>0$，因此 $a>c$．

性质 2：如果 $a>b$，那么 $a+c>b+c$．

性质 3：如果 $a>b$，$c>0$，那么 $ac>bc$；

如果 $a>b$，$c<0$，那么 $ac<bc$．

例 1 给出下列结论：

①若 $ac>bc$，则 $a>b$；②若 $a<b$，则 $ac^2<bc^2$；

③若 $\dfrac{1}{a}<\dfrac{1}{b}<0$，则 $a>b$；④若 $a>b$，$c>d$，则 $a-c>b-d$；

⑤若 $a>b$，$c>d$，则 $ac>bd$．

其中正确结论的序号是 _____．

例 2 已知 $a<b<0$，$c<d<0$，那么下列判断中正确的是（　　）．

A. $a-c<b-d$　　　　B. $ac>bd$　　　　C. $\dfrac{a}{d}<\dfrac{b}{c}$　　　　D. $ad>bc$

【互学】

三、合作：自主学习，小组合作

例 3 已知 $a>b>0$，$c<d<0$，$e<0$，

求证：$\dfrac{e}{a-c}>\dfrac{e}{b-d}$．

例 4 设 $a=\sqrt{3}+\sqrt{5}$，$b=\sqrt{2}+\sqrt{6}$，则 a，b 的大小关系为 _____．

四、巩固：当堂检测，突破自我

1. 已知：a，b，c，$d\in\mathbf{R}$，则下列命题中必成立的是（　　）．

A. 若 $a>b$，$c>b$，则 $a>c$　　　　　　B. 若 $a>-b$，则 $c-a<c+b$

C. 若 $a>b$，$c<d$，则 $\dfrac{a}{c}>\dfrac{b}{d}$　　　　　D. 若 $a^2>b^2$，则 $-a<-b$

2. 若 $-1<\alpha<\beta<1$，则下列各式中恒成立的是（　　）．

A. $-2<\alpha-\beta<0$　　　　　　　　B. $-2<\alpha-\beta<-1$

C. $-1<\alpha-\beta<0$　　　　　　　　D. $-1<\alpha-\beta<1$

3. 若 a、b、$c \in \mathbf{R}$，且 $a > b$，则下列不等式中一定成立的是(　　).

A. $a+b \geqslant b-c$　　　　　　　　　　B. $ac \geqslant bc$

C. $\dfrac{c^2}{a-b} > 0$　　　　　　　　　　D. $(a-b)c^2 \geqslant 0$

4. 设 $2 < a < 3$，$-2 < b < -1$，则 $2a-b$ 的范围是 _____.

五、小结：画龙点睛，提纲挈领

传递性：

文字语言	如果第一个量大于第二个量，第二个量大于第三个量，那么第一个量大于第三个量
符号语言	$a > b$，$b > c \Rightarrow \underline{a > c}$
变形	$a \geqslant b$，$b \geqslant c \Rightarrow a \geqslant c$；　$a < b$，$b < c \Rightarrow a < c$；　$a \leqslant b$，$b \leqslant c \Rightarrow a \leqslant c$
作用	比较大小或证明不等式

加法法则：

文字语言	不等式的两边都加上同一个实数，所得的不等式与原不等式同向
符号语言	$a > b \Rightarrow a+c \underline{> b+c}$
变形	$a < b \Rightarrow a+c < b+c$ $a \leqslant b \Rightarrow a+c \leqslant b+c$ $a \geqslant b \Rightarrow a+c \geqslant b+c$
作用	不等式的移项，等价变形

乘法法则：

文字语言	不等式的两边都乘同一个正数时，不等号的方向<u>不变</u>； 都乘同一个负数时，不等号的方向一定要<u>改变</u>
符号语言	$a > b$，$c > 0 \Rightarrow \underline{ac > bc}$ $a > b$，$c < 0 \Rightarrow \underline{ac < bc}$
变形	$a \geqslant b$，$c > 0 \Rightarrow ac \geqslant bc$；$a \geqslant b$，$c < 0 \Rightarrow ac \leqslant bc$ $a < b$，$c > 0 \Rightarrow ac < bc$；$a < b$，$c < 0 \Rightarrow ac > bc$ $a \leqslant b$，$c > 0 \Rightarrow ac \leqslant bc$；$a \leqslant b$，$c < 0 \Rightarrow ac \geqslant bc$
作用	不等式的同解变形

归纳总结：1. 该性质不能逆推，如 $ac > bc$，a 不一定大于 b.

2. $ac > bc \Rightarrow a > b$，$c > 0$ 或 $a < b$，$c < 0$.

3. 不等式两边仅能同乘(或除以)一个符号确定的非零实数.

【评学】

六、互评：多元评价，促进成长

教师综合评价表				
评价项目		评价标准	分值	得分
考勤（10%）		无无故迟到、早退、旷课现象	10	
学习过程（60%）	课前准备	课前预习工作完善，准备充分	10	
	课堂参与	能够积极参与课堂活动的开展、展示	10	
	学习态度	态度端正，无故意扰乱课堂现象	10	
	合作能力	与小组成员协调关系、合作良好	10	
	职业素养	在学习过程中能体现本专业职业素养	10	
	创新意识	在课堂上有创新意识，提出不同见解	10	
学习结果（30%）	学习完整	能按时完成各环节学习任务	10	
	作业情况	能保证课堂课后作业正确率	10	
	成果展示	能准确表达、及时复述学习收获	10	
合计			100	

作业：课后巩固，夯实成果

一、选择题

1. 若 $a<b<0$，则下列不等式中错误的是（   ）.

   A. $\dfrac{1}{a}>\dfrac{1}{b}$　　　　B. $\dfrac{1}{a-b}>\dfrac{1}{a}$　　　　C. $|a|>|b|$　　　　D. $a^2>b^2$

2. 已知 $a>b>0$，那么下列不等式中成立的是（   ）.

   A. $-a>-b$　　　　B. $a+m<b+m$　　　　C. $a^2>b^2$　　　　D. $\dfrac{1}{a}>\dfrac{1}{b}$

3. 已知下列四个条件：①$b>0>a$；②$0>a>b$；③$a>0>b$；④$a>b>0$，能推出 $\dfrac{1}{a}<\dfrac{1}{b}$ 成立的有（   ）.

   A. 1 个　　　　B. 2 个　　　　C. 3 个　　　　D. 4 个

4*. 下列不等式中正确的是（   ）.

   A. 若 $a>b$，$c>d$，则 $a+c>b+d$

   B. 若 $a>b$，则 $a+c<b+c$

   C. 若 $a>b$，$c>d$，则 $ac>bd$

   D. 若 $a>b$，$c>d$，则 $\dfrac{a}{c}>\dfrac{b}{d}$

二、填空题

5. 已知 $a+b>0$，$b<0$，那么 a，b，$-a$，$-b$ 的大小关系是 _____．（用">"号连接）

6*. 近来鸡蛋价格起伏较大，假设第一周、第二周鸡蛋价格分别为 a 元/斤、b 元/斤，甲和乙买鸡蛋的方式不同：甲每周买 3 斤鸡蛋，乙每周买 10 元钱的鸡蛋，试比较谁的购买方式更优惠（两次平均价格低视为实惠）_____．（在横线上填甲或乙即可）

三、解答题

7. 已知 $1<a<2$，$3<b<4$，求下列各式的取值范围：

(1) $2a+b$；(2) $a-b$；(3) $\dfrac{a}{b}$．

8*. 若 $bc-ad \geqslant 0$，$bd>0$，求证：$\dfrac{a+b}{b} \leqslant \dfrac{c+d}{d}$．

2.2 区 间

【学习目标】

知识目标：

理解区间的定义，掌握用有限区间表示集合的方法．

技能目标：

培养学生的观察、分析能力和数形结合的数学思想.

素养目标：

通过学习，让学生感受数学知识间的紧密联系，学会利用数形结合的形式解决实际问题.

【学习重点】

掌握用区间表示集合的方法.

【学习难点】

运用区间表示不同的集合，并进行集合运算.

【导学】

一、导入：创设情景，导入课题

问题： 随着科学技术的发展，列车运行速度不断提高，国际公认，运行时速达200 km以上的旅客列车称为新时速旅客列车. 京广高铁设计运行时速达350 km，呈现出超越世界的"中国速度"，使得新时速旅客列车的运行速度值界定在200 km/h与350 km/h之间.

如何表示列车运行速度的范围？

思考： 还有其他简便方法吗？

二、精讲：突出重点，突破难点

概念：由数轴上两点间的一切实数所组成的集合叫作区间，其中，这两个点叫作区间的端点.

1. 有限区间.

(1)开区间：不含端点的区间.

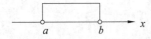

集合：

区间：

(2)闭区间：含两个端点的区间.

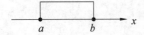

集合：

区间：

(3)左闭右开区间：只含左端点的区间.

集合：

区间：

(4)左开右闭区间：只含右端点的区间.

集合：

区间：

2. 无限区间.

(1)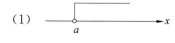

  集合：   集合：

  区间：   区间：

(2)

  集合：   集合：

  区间：   区间：

例 1 填空题

(1)集合$\{x \mid -2 \leqslant x \leqslant 2\}$用区间表示为_____.

(2)集合$\{x \mid -5 \leqslant x < -1\}$用区间表示为_____.

(3)集合$\{x \mid x \leqslant 4\}$用区间表示为_____.

(4)集合$\{x \mid 0 < x\}$用区间表示为_____.

例 2 已知$A=(-1, 4)$，$B=[0, 5]$，求$A \cup B$，$A \cap B$.

【互学】

三、合作：自主学习，小组合作

例3 用区间表示下列集合：

(1) 集合 $\{x \mid 1 < x \leqslant 3\}$：_____．

(2) 集合 $\{x \mid 3 \leqslant x \leqslant 8\}$：_____．

(3) 集合 $\{x \mid -4 < x\}$：_____．

(4) 集合 $\{x \mid x < 3\}$：_____．

例4 已知 $M = (-3, 5]$，$N = (-\infty, -5) \cup (4, +\infty)$，求 $M \cup N$．

四、巩固：当堂检测，突破自我

1. 判断．（正确的打"√"，错误的打"×"）

实数集 **R** 可以表示为 $(-\infty, +\infty)$． （ ）

2. 若 $x - 1 > 0$，则 x 的取值范围是（ ）．

A. $[1, +\infty)$ B. $(1, +\infty)$ C. $(-\infty, 1)$ D. $(-\infty, 1]$

3. 若 $2x - 4 \leqslant 10$，则 x 的取值范围是（ ）．

A. $(-\infty, 7]$ B. $(2, 7]$ C. $[7, +\infty)$ D. $(2, +\infty)$

4. 用描述法表示下列集合：

(1) $(3, 7)$；(2) $[-2, 1)$．

五、小结：画龙点睛，提纲挈领

定义	名称	符号	数轴表示	备注
$\{x \mid a < x < b\}$	开区间	(a, b)	○——○ a b	不包含线段的两个端点
$\{x \mid a \leqslant x \leqslant b\}$	闭区间	$[a, b]$	●——● a b	包含线段的两个端点
$\{x \mid a < x \leqslant b\}$	左开右闭区间	$(a, b]$	○——● a b	包含右端点，不包含左端点

续表

定义	名称	符号	数轴表示	备注
$\{x \mid a \leqslant x < b\}$	左闭右开区间	$[a, b)$		包含左端点，不包含右端点
$\{x \mid x > a\}$	无限区间	$(a, +\infty)$		不包含左端点的射线
$\{x \mid x \geqslant a\}$	无限区间	$[a, +\infty)$		包含左端点的射线
$\{x \mid x < a\}$	无限区间	$(-\infty, a)$		不包含右端点的射线
$\{x \mid x \leqslant a\}$	无限区间	$(-\infty, a]$		包含右端点的射线
R	无限区间	$(-\infty, +\infty)$		整个数轴

规律：含端点用中括号，不含端点用小括号.

【评学】

六、互评：多元评价，促进成长

学生自评表			
评价项目	评价标准	价值	得分
考勤	无无故迟到、早退、旷课现象	10	
课前准备	课前预习工作完善，准备充分	10	
课堂参与	能够积极参与课堂活动的开展、展示	10	
学习态度	态度端正，无故意扰乱课堂现象	10	
合作能力	与小组成员协调关系、合作良好	10	
创新意识	在课堂上有创新意识，提出不同见解	10	
学习效能	学有所得，能按时按质完成课后作业	10	
数学素养	获得一定的数学抽象、逻辑推理、数学建模、数学运算、直观想象、数据分析能力	10	
职业素养	在学习过程中能体现本专业职业素养	10	
道德品质	通过学习获得一定的道德品质提升	10	
合计		100	

作业：课后巩固，夯实成果

一、选择题

1. 若 $A = (1, +\infty)$，$B = (-2, 2)$，则 $A \cup B = ($　　$)$.

A. $\{x \mid x > -2\}$ 　　　　　　　　B. $\{x \mid x > -1\}$

C. $\{x \mid -2 < x < -1\}$ 　　　　　　D. $\{x \mid -1 < x < 2\}$

2. 已知全集 $U=\mathbf{R}$，$M=\{x \mid x \leqslant 1\}$，$P=\{x \mid x \geqslant 2\}$，则 $\complement_U(M \cup P)=(\quad)$.

A. $(1, 2)$ B. $[1, +\infty)$

C. $(-\infty, 2]$ D. $(-\infty, 2] \cup [1, +\infty)$

3. 若 $A=\{x \mid 3+2x-x^2>0\}$，$B=\{x \mid 2^x<2\}$，则 $A \cap B=(\quad)$.

A. $(1, 3)$ B. $(-\infty, -1)$ C. $(-1, 1)$ D. $(-3, 1)$

4*. 已知 $A=\{x \mid 1 \leqslant x \leqslant 2\}$，$B=\{x \mid x<a\}$，若 $A \cap B$ 为空集，则 a 的取值范围为( )．

A. $\varnothing$ B. $(-\infty, 2]$ C. $(-\infty, 1]$ D. $[1, +\infty)$

二、填空题

5. 设全集为 $\mathbf{R}$，$A=\{x \mid 3 \leqslant x<7\}$，$B=\{x \mid 2<x<10\}$，则 $\complement_\mathbf{R}(A \cup B)=$ _____ ，$(\complement_\mathbf{R} A) \cap B=$ _____ ．（请用区间作答）

6*. 已知 $A=\{x \mid 0 \leqslant x \leqslant 4\}$，$B=\{x \mid m+1 \leqslant x \leqslant 1-m\}$，且 $A \cup B=A$，则实数 m 的取值范围用区间表示为 _____ ．

三、解答题

7. 设 $A=(-1, a)$，$B=(1, 3)$ 且 $A \cup B=(-1, 3)$，求 a 的取值范围．

8*. 已知 $A=\{x \mid -3<x \leqslant 4\}$，$B=\{x \mid k+1 \leqslant x \leqslant 2k-1\}$，且 $A \cup B=A$，试求 k 的取值范围，并表示为区间．

2.3 一元二次不等式

【学习目标】

知识目标：

(1)理解一元二次不等式和一元二次方程以及二次函数之间的关系.

(2)理解一元二次不等式的解集的含义.

(3)一元二次不等式的解集与二次函数图像的对应.

技能目标：

(1)会解一元二次方程.

(2)会画二次函数的图像.

(3)能结合图像写出一元二次不等式的解集.

素养目标：

体会知识之间的相互关联性，体会数形结合思想的重要性.

【学习重点】

(1)一元二次不等式的解集的含义.

(2)一元二次不等式与二次函数的关系.

【学习难点】

(1)将一元二次不等式和一元二次方程以及二次函数联系起来.

(2)在函数图像上正确地找到解集对应的部分.

【导学】

一、导入：创设情景，导入课题

园艺师打算在绿地上用栅栏围一个矩形区域种植花卉．若栅栏的长度是 24 m，围成的矩形区域的面积要等于 $20m^2$，那么这个矩形的边长为多少米？

二、精讲：突出重点，突破难点

1. 一元二次不等式的概念.

形如 $ax^2+bx+c>0(\geqslant 0)$ 或 $ax^2+bx+c<0(\leqslant 0)$ 的不等式(其中 $a\neq 0$)，叫作**一元二次不等式**.

不等式的解集：能使不等式成立的未知数的取值范围，叫作不等式的解集.

例1 怎样解 $x^2+5x+6<0$ 呢？

提问：①你会解方程 $x^2+5x+6=0$ 吗？

②你能画出二次函数 $y=x^2+5x+6$ 的图像吗？

③你能找出 $y<0$ 的那部分图像吗？

④你找到 $x^2+5x+6<0$ 的解集了吗？

小结步骤：①求出 $x^2+5x+6=0$ 的解；

②画出函数 $y=x^2+5x+6$ 的图像；

③在图像上找出 $y<0$ 的那部分图像；

④写出这部分图像对应的 x 的范围.

例2 解不等式 $x^2-2x-3>0$.

2. 解一元二次不等式的一般步骤：

①求出对应方程 $ax^2+bx+c=0$ 的解；

②画出对应函数 $y=ax^2+bx+c$ 的图像；

③在图像上找出不等式的解；

④写出解集，口诀：大于取两边，小于取中间.

【互学】

三、合作：自主学习，小组合作

例3 解不等式 $x^2-2x-15\geqslant 0$.

例 4 解不等式 $-x^2+2x-3>0$.

四、巩固：当堂检测，突破自我

1. 判断.（正确的打"√"，错误的打"×"）

(1) 一元二次不等式 $x^2 \geq 0$ 解集为 **R**. （   ）

(2) 一元二次不等式 $x^2 \leq 0$ 解集为空集. （   ）

2. 不等式 $x^2-x+m>0$ 在 **R** 上恒成立，则 m 的取值范围是(   ).

A. $m>\dfrac{1}{4}$ B. $m<\dfrac{1}{4}$ C. $m<1$ D. $m>1$

3. 设 $A=\{x\in \mathbf{Z}\mid x^2-3x-4\leq 0\}$，$B=\{x\mid x-2<1\}$，则 $A\cap B=$(   ).

A. $\{-1,0,1,2\}$ B. $[-1,2)$ C. $\{-1,0,1\}$ D. $[-1,2]$

4. 已知关于 x 的不等式 $kx^2-6kx+k+8\geq 0$ 对任意 $x\in \mathbf{R}$ 恒成立，则 k 的取值范围是(   ).

A. $0\leq k\leq 1$ B. $0<k\leq 1$

C. $k<0$ 或 $k>1$ D. $k\leq 0$ 或 $k>1$

5. 如果方程 $ax^2+bx+c=0$ 的两根为 -2 和 3 且 $a<0$，那么不等式 $ax^2+bx+c>0$ 的解集为 _____.

五、小结：画龙点睛，提纲挈领

判别式 $\Delta=b^2-4ac$	$\Delta>0$	$\Delta=0$	$\Delta<0$
二次函数 $y=ax^2+bx+c$ $(a>0)$ 的图像			
一元二次方程 $ax^2+bx+c=0$ $(a>0)$ 的根	有两相异实根 x_1,x_2 $(x_1<x_2)$	有两相等实根 $x_1=x_2=-\dfrac{b}{2a}$	没有实数根

续表

判别式 $\Delta=b^2-4ac$	$\Delta>0$	$\Delta=0$	$\Delta<0$
$ax^2+bx+c>0$ ($a>0$)的解集	$\{x \mid x>x_2$ 或 $x<x_1\}$	$\left\{x \mid x\neq -\dfrac{2b}{a}\right\}$	R
$ax^2+bx+c<0$ ($a>0$)的解集	$\{x \mid x_1<x<x_2\}$	$\varnothing$	$\varnothing$

【评学】

六、互评：多元评价，促进成长

学生互评表													
评价项目	分值	等级							评价成员（第_____组）				
									1	2	3	4	5	6
学习态度	10	优	10	良	8	中	6	差	4					
课堂纪律	10	优	10	良	8	中	6	差	4					
文明用语	10	优	10	良	8	中	6	差	4					
互帮互助	10	优	10	良	8	中	6	差	4					
学习效果	10	优	10	良	8	中	6	差	4					
创新意识	10	优	10	良	8	中	6	差	4					
参与小组活动	10	优	10	良	8	中	6	差	4					
任务单完成情况	10	优	10	良	8	中	6	差	4					
笔记情况	10	优	10	良	8	中	6	差	4					
小组贡献率	10	优	10	良	8	中	6	差	4					
合计	100												

作业：课后巩固，夯实成果

一、选择题

1. （多选）已知 $A=\{-2,-1,0,1\}$，$B=\{x \mid (x-1)(x+2)\leqslant 0\}$，则（　　）.

   A. $A \cap B=\{-2,-1,0,1\}$　　B. $A \cup B=\{-2,-1,0,1\}$

   C. $A \cap B=\{-1,0,1\}$　　D. $A \cup B=\{x \mid -2\leqslant x\leqslant 1\}$

2. 不等式 $x^2+ax+4<0$ 的解集不为空集，则 a 的取值范围是（　　）.

   A. $[-4,4]$　　B. $(-4,4)$

   C. $(-\infty,-4] \cup [4,+\infty)$　　D. $(-\infty,-4) \cup (4,+\infty)$

3. 已知 $A=\{-2,-1,0,1,2\}$，$B=\{x|(1-x)(x+2)>0\}$，则 $A\cap B$ 的子集个数为( )．

A. 2　　　　　　B. 4　　　　　　C. 6　　　　　　D. 8

4*. 已知 $a<0$，关于 x 的一元二次不等式 $ax^2-(2+a)x+2>0$ 的解集为( )．

A. $\left\{x\left|x<\dfrac{2}{a},\text{或}\ x>1\right.\right\}$　　　　B. $\left\{x\left|\dfrac{2}{a}<x<1\right.\right\}$

C. $\left\{x\left|x<1,\text{或}\ x>\dfrac{2}{a}\right.\right\}$　　　　D. $\left\{x\left|1<x<\dfrac{2}{a}\right.\right\}$

二、填空题

5. 已知不等式 $x^2-x-a>0$ 的解集为 $\{x|x>3\text{或}x<-2\}$，则实数 $a=$ _____．

6*. 对任意实数 x，不等式 $(a-3)x^2-2(a-3)x-6<0$ 恒成立，则实数 a 的取值范围是 _____．

三、解答题

7. 解下列不等式：

(1) $x^2-x-6>0$；

(2) $25x^2-10x+1>0$；

(3) $-2x^2+x+1<0$．

8*. 一家车辆制造厂引进了一条摩托车整车装配流水线，这条流水生产的摩托车数量 x（单位：辆）与创造的价值 y（单位：元）之间有如下关系：$y=-2x^2+220x$．若这家工厂希望在一个星期内利用这条流水线创收 6 000 元以上，则在一个星期内应该生产多少辆摩托车？

2.4 含绝对值的不等式

【学习目标】

知识目标：

准确掌握绝对值定义，掌握不等式$|x|\leq a$和$|x|\geq a(a>0)$的解法.

技能目标：

掌握不等式$|ax+b|\leq c$和$|ax+b|\geq c(a>0)$的解法.

素养目标：

提高学生数形结合以及解决实际问题的能力.

【学习重点】

掌握不等式$|x|\leq a$和$|x|\geq a(a>0)$的解法.

【学习难点】

掌握不等式$|ax+b|<c$和$|ax+b|>c(a>0)(c>0)$的解法.

【导学】

一、导入：复习巩固，导入课题

1．不等式的基本性质有哪些？

性质1：不等式的两边同时加上(或减去)同一个整式，不等式的方向不变.

性质2：不等式的两边同时乘以(或除)同一个正数，不等式的方向不变.

性质3：不等式的两边同时乘以(或除)同一个负数，不等式的方向改变.

2．$|x|$的几何意义.

数x的绝对值$|x|$，在数轴上等于对应实数x的点到原点的距离.

3．对于任意的实数x，有$|x|=\begin{cases}x, & x>0 \\ 0, & x=0 \\ -x, & x<0\end{cases}$.

二、精讲：突出重点，突破难点

问题1 解方程$|x|=3$，并说明$|x|=3$的几何意义是什么？

数轴上到原点距离等于_____的点，即____和____.

问题2 试叙述$|x|\leq 3$和$|x|\geq 3$的几何意义，你能写出其解集吗？

不等式$|x|\leqslant 3$表示数轴上到原点的距离____3的点的集合,即_____.

不等式$|x|\geqslant 3$表示数轴上到原点的距离____3的点的集合,即_____.

问题3 如果$a>0$,那么
$$|x|\leqslant a \Leftrightarrow \{x\mid -a\leqslant x\leqslant a\}$$
$$|x|\geqslant a \Leftrightarrow \{x\mid x\leqslant -a \text{ 或 } x\geqslant a\}$$

口诀：大于取两边,小于取中间.

思考：$a=0$或$a<0$时上述结果还成立吗？为什么？

【互学】

三、合作：自主学习,小组合作

例1 不等式$|-x|<6$的解集为( ).

A. $(-\infty, 6)$ B. $(-6, 6)$ C. $(6, +\infty)$ D. $[0, 6)$

例2 不等式$|1-2x|\leqslant 5$的解集为( ).

A. $[-2, 3]$ B. $(-\infty, -2]\cup[3, +\infty)$

C. $[-2, +\infty)$ D. $(-\infty, 3]$

例3 不等式$3-|-2x-1|>0$的解集为( ).

A. $\{x\mid -1<x<2\}$ B. $\{x\mid x\in \mathbf{R}\}$

C. $\{x\mid -2<x<1\}$ D. $\{x\mid x<-2 \text{ 或 } x>1\}$

四、巩固：当堂检测,突破自我

1. 不等式$|x|<2$的解集是( ).

A. $[-2, 2]$ B. $(2, +\infty)$ C. $(-2, 2)$ D. $(-\infty, 2)$

2. 不等式$|2x+1|\leqslant 0$的解集是( ).

A. $\varnothing$ B. $\mathbf{R}$ C. $\left\{-\dfrac{1}{2}\right\}$ D. $\left[-\dfrac{1}{2}, 0\right]$

3. 若$x^2+mx+1>0$的解集为$\mathbf{R}$,则自然数m的取值范围是_____.

4. 不等式$|x+a|\leqslant b$的解集是$\{x\mid -1\leqslant x\leqslant 5\}$,求$a,b$的值.

五、小结：画龙点睛,提纲挈领

解含绝对值的不等式第一步需将不等式转化成不等式一边只含有绝对值部分内容,接着根据口诀"大于取两边,小于取中间"将绝对值不等式转换成一元一次不等式(组)解答即可.

【评学】

六、互评:多元评价,促进成长

教师综合评价表				
评价项目		评价标准	分值	得分
考勤(10%)		无无故迟到、早退、旷课现象	10	
学习过程 (60%)	课前准备	课前预习工作完善,准备充分	10	
	课堂参与	能够积极参与课堂活动的开展、展示	10	
	学习态度	态度端正,无故意扰乱课堂现象	10	
	合作能力	与小组成员协调关系、合作良好	10	
	职业素养	在学习过程中能体现本专业职业素养	10	
	创新意识	在课堂上有创新意识,提出不同见解	10	
学习结果 (30%)	学习完整	能按时完成各环节学习任务	10	
	作业情况	能保证课堂课后作业正确率	10	
	成果展示	能准确表达、及时复述学习收获	10	
合计			100	

作业:课后巩固,夯实成果

一、选择题

1. 不等式 $|x+2|-3\leqslant 0$ 的解集为( ).

　　A.$(-1,5)$　　B.$[-1,5]$　　C.$(-5,1)$　　D.$[-5,1]$

2. 不等式 $|2x-5|\leqslant -5$ 的解集是( ).

　　A.$(-\infty,0)$　　B.$(5,+\infty)$　　C.$(0,5)$　　D.$\varnothing$

3. 已知不等式 $|x-m|<2$ 的解集为 $\{x|-3<x<1\}$,则实数 m 的值为( ).

　　A.3　　B.-1　　C.1　　D.-3

4*. (多选)已知 $a>b$,$c\in \mathbf{R}$,则下列各式中正确的有( ).

　　A.$|a|>|b|$　　B.$ac>bc$　　C.$a-b>0$　　D.$a+c>b+c$

二、填空题

5. 绝对值小于 5 而不小于 2 的所有整数有 _____.

6*. 不等式 $1\leqslant |x+3|\leqslant 2$ 的解集是 _____.

三、解答题

7. 求不等式 $\left|\dfrac{x}{2}+1\right|\geqslant 3$ 的解集.

8*. 解不等式组 $\begin{cases}|x-1|\leqslant 2\\ 2x-3>1\end{cases}$，并用数轴和区间表示它的解集.

2.5　不等式应用举例

【学习目标】

知识目标：

一元一次不等式、一元二次不等式、绝对值不等式的求解.

技能目标：

能从实际问题中抽象出不等关系，并解释解集的实际意义.

素养目标：

提高数学建模、数学运算和逻辑推理等核心素养.

【学习重点】

根据实际情况建立数学模型解决实际问题.

【学习难点】

根据实际情况建立数学模型解决实际问题的步骤和方法.

【导学】

一、导入：创设情景，导入课题

现有质量分数为 50% 的酒精溶液 100 g，要稀释成质量分数不低于 20% 且不高于 30%

的酒精溶液 500 g，问：需要加入质量分数在什么范围的酒精溶液？

二、精讲：突出重点，突破难点

解：设需要加入质量分数为 $x\%$ 的酒精 400 g，依据题意可得

$$20\% \leqslant \frac{100 \times 50\% + 400 \cdot x\%}{500} \leqslant 30\%$$

化简，得不等式

$$100 \leqslant 50 + 4x \leqslant 150$$

解得 $12.5 \leqslant x \leqslant 25$，所以 x 的取值范围是 $[12.5, 25]$.
即所要添加酒精的质量分数应该介于 12.5％ 和 25％.

【互学】

三、合作：自主学习，小组合作

例1 一个小型机械厂生产某种设备的数量 x（台）与利润 y（元）之间的关系是 $y = -20x^2 + 2\,200x$，如果这家机械厂获得超过 60 000 元的利润，那么生产该种设备的台数的范围是（　　）.

A. $\{x \mid x > 50, x \in \mathbf{N}^*\}$　　B. $\{x \mid 0 < x < 60, x \in \mathbf{N}^*\}$

C. $\{x \mid 50 \leqslant x \leqslant 60, x \in \mathbf{N}^*\}$　　D. $\{x \mid 50 < x < 60, x \in \mathbf{N}^*\}$

例2 已知二次函数 $y = ax^2 + bx + c$ 的图像如图所示，则不等式 $ax^2 + bx + c > 0$ 的解集是（　　）.

A. $\{x \mid -2 < x < 1\}$

B. $\{x \mid x < -2 \text{ 或 } x > 1\}$

C. $\{x \mid -2 \leqslant x \leqslant 1\}$

D. $\{x \mid x \leqslant -2 \text{ 或 } x \geqslant 1\}$

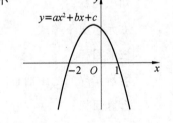

例3 某品牌柠檬茶的标准容量为 250 mL，包装时允许误差为 5 mL．如果用 x（单位：mL）表示该品牌柠檬茶的实际容量，当 $245 \leqslant x \leqslant 255$ 时，产品容量合格．x 满足的绝对值不等式为（　　）.

A. $|x - 250| \leqslant 5$　　B. $|x - 250| \geqslant 5$

C. $|x - 5| \leqslant 250$　　D. $|x - 5| \geqslant 250$

四、巩固：当堂检测，突破自我

1. 不等式 $(x+1)(x+2) > 0$ 的解集是（　　）.

A. $(-1, 2)$　　B. $(-\infty, -1) \cup (2, +\infty)$

C.(−2,1)　　　　　　　　　　D.(−∞,−2)∪(−1,+∞)

2. 已知区间$(4k-1, 2k+3)$，则 k 的取值范围是(　　).

A.$k<2$　　　　B.$k>2$　　　　C.$k\leq 2$　　　　D.$k\geq 2$

3. 不等式组 $\begin{cases} |x-1|\leq 2 \\ 2x-3<1 \end{cases}$ 的解集是 _____（用区间表示）.

4. 解下列绝对值不等式：

(1) $|x-3|<2$；

(2) $|3x-4|+1\geq 3$.

五、小结：画龙点睛，提纲挈领

不等式应用举例考查不等式在实际生活中的应用，根据情景问题建立数学模型，加强逻辑思维训练，从而解决问题．注意在解决问题时需根据实际条件限制决定不等式的取值范围．

【评学】

六、互评：多元评价，促进成长

学生自评表			
评价项目	评价标准	价值	得分
考勤	无无故迟到、早退、旷课现象	10	
课前准备	课前预习工作完善，准备充分	10	
课堂参与	能够积极参与课堂活动的开展、展示	10	
学习态度	态度端正，无故意扰乱课堂现象	10	
合作能力	与小组成员协调关系、合作良好	10	
创新意识	在课堂上有创新意识，提出不同见解	10	
学习效能	学有所得，能按时按质完成课后作业	10	
数学素养	获得一定的数学抽象、逻辑推理、数学建模、数学运算、直观想象、数据分析能力	10	
职业素养	在学习过程中能体现本专业职业素养	10	
道德品质	通过学习获得一定的道德品质提升	10	
合计		100	

作业：课后巩固，夯实成果

一、选择题

1. 若 $a>0$，$ab<0$，则(　　).

   A. $b>0$　　　B. $b\geqslant 0$　　　C. $b<0$　　　D. $b\in \mathbf{R}$

2. 若 $x<y<0$，则下列命题中正确的是(　　).

   A. $x^2<y^2$　　　B. $\dfrac{x}{y}<1$　　　C. $4-x>4-y$　　　D. $\dfrac{1}{x}<\dfrac{1}{y}$

3. 下列不等式中解集为 $\varnothing$ 的是(　　).

   A. $x^2-x+1>0$　　　　　　　B. $-2x^2+x+1>0$

   C. $x^2+x>2$　　　　　　　　D. $2x-x^2>5$

4*. （多选）已知 $a+b<0$，且 $a>0$，则(　　).

   A. $|a|>|b|$　　　B. $a^2>b^2$　　　C. $\dfrac{1}{a}>\dfrac{1}{b}$　　　D. $a^3>b^3$

二、填空题

5. $|3x-2|\leqslant 1$ 的解集为 _____（用区间表示）.

6*. 若式子 $\sqrt{-2x^2+7x+15}$ 有意义，则 x 的取值范围是 _____.

三、解答题

7. 解不等式组：$\begin{cases} |x-1|<8 \\ x^2-4x+3\geqslant 0 \end{cases}$.

8*. 设 $a\in \mathbf{R}$，求证：$a^2-3>4a-15$.

第二章 不等式单元检测卷(A)

一、单选题

1. 已知 $a<b<0$，$c\neq 0$，则下列判断正确的是(　　).

   A. $ac<bc$　　　　　　　　　　B. $a+c<b+c$

   C. $c-a<c-b$　　　　　　　　　D. $\dfrac{a}{c}<\dfrac{b}{c}$

2. 集合 $\{x\mid -3\leqslant x<4\}$ 的区间表示为(　　).

   A. $(-3,4]$　　　B. $(-3,4)$　　　C. $[-3,4)$　　　D. $[-3,4]$

3. 不等式组 $\begin{cases}x+1>0\\x-3<0\end{cases}$ 的解集是(　　).

   A. $\{x\mid x>3\}$　　　　　　　B. $\{x\mid x>-1\}$

   C. $\{x\mid x<3\}$　　　　　　　D. $\{x\mid -1<x<3\}$

4. 下列结论中不正确的是(　　).

   A. 若 $a>b$，则 $ac^2>bc^2$　　　　B. 若 $a>b$，则 $a-c>b-c$

   C. 若 $ac^2>bc^2$，则 $a>b$　　　　D. 若 $a-b>c$，则 $a>c+b$

5. 不等式 $(x+1)(x+2)>0$ 的解集是(　　).

   A. $(-1,2)$　　　　　　　　　　B. $(-\infty,-1)\cup(2,+\infty)$

   C. $(-2,1)$　　　　　　　　　　D. $(-\infty,-2)\cup(-1,+\infty)$

6. 不等式 $1\leqslant |1-2x|<2$ 的解是(　　).

   A. $-\dfrac{1}{2}<x\leqslant 0$　　　　　　　B. $1\leqslant x<\dfrac{3}{2}$

   C. $-\dfrac{1}{2}<x\leqslant 0$ 或 $1\leqslant x<\dfrac{3}{2}$　　D. $-\dfrac{1}{2}\leqslant x<\dfrac{3}{2}$

7. 一个小型机械厂生产某种设备的数量 x(台)与利润 y(元)之间的关系是 $y=-20x^2+2\,200x$，如果这家机械厂获得超过 60 000 元的利润，那么生产该种设备的台数的范围是(　　).

   A. $\{x\mid x>50,x\in \mathbf{N}^*\}$　　　　　B. $\{x\mid 0<x<60,x\in \mathbf{N}^*\}$

   C. $\{x\mid 50\leqslant x\leqslant 60,x\in \mathbf{N}^*\}$　　D. $\{x\mid 50<x<60,x\in \mathbf{N}^*\}$

8. 若关于 x 的一元二次不等式 $x^2+mx+1\leqslant 0$ 的解集为 $\varnothing$，则实数 m 满足(　　).

   A. $m\leqslant -2$ 或 $m\geqslant 2$　　　　　B. $-2<m<2$

C. $m<-2$ 或 $m>2$	D. $-2\leqslant m\leqslant 2$

二、多选题

9. 若 $a>b$，则下列关系中错误的是（　　）.

   A. $a^2>b^2$　　B. $ac>bc$　　C. $\dfrac{1}{a}<\dfrac{1}{b}$　　D. $b-c<a-c$

10. 已知 $a+b<0$，且 $a>0$，则（　　）.

    A. $|a|>|b|$　　B. $a^2>b^2$　　C. $\dfrac{1}{a}>\dfrac{1}{b}$　　D. $a^3>b^3$

11. 下列不等式（组）中，解集不是 $(-2, 3)$ 的是（　　）.

    A. $2x+3>0$　　B. $|x-2|<3$　　C. $x^2-x-6<0$　　D. $\begin{cases}2x>4\\x<3\end{cases}$

12. 已知 $a>b$，$c\in \mathbf{R}$，则下列各式中正确的有（　　）.

    A. $|a|>|b|$　　B. $ac>bc$　　C. $a-b>0$　　D. $a+c>b+c$

三、填空题

13. 不等式 $|2x-5|\leqslant 7$ 的正整数解有 ＿＿＿ 个.

14. 已知全集 $U=\mathbf{R}$，$P=\{x\mid |x-2|\geqslant 1\}$，则 $\complement_U P=$ ＿＿＿＿＿＿.

15. 如果不等式 $2x\geqslant a-3$ 的解集为 $\{x\mid x\geqslant 5\}$，则 a 的值为 ＿＿＿＿＿＿.

16. 当 c ＿＿＿ 0 时，由 $a>b$，可得 $ac>bc$.

四、解答题

17. 计算：

    (1) $-x^2-3x+10\geqslant 0$；

    (2) $|-3x-2|<7$.

18. 若 $x \in \mathbf{R}$,试比较 $2x^2-7x+2$ 与 x^2-5x 的大小.

19. 不等式 $|x+a| \leqslant b$ 的解集是 $\{x \mid -1 \leqslant x \leqslant 5\}$,求 a,b 的值.

20. 解不等式:$\dfrac{3x+8}{3} \geqslant \dfrac{5x-1}{2}-1.$

21. 某商场一天内销售某种电器的数量 x（台）与利润 y（元）之间满足如下关系：$y = -10x^2 + 500x$. 如果这家商场计划在一天销售该种电器的利润在 6 000 元以上，那么一天内大约应销售该种电器多少台？

22. 设 $a \in \mathbf{R}$，求证：$a^2 - 3 > 4a - 15$.

第二章 不等式单元检测卷(B)

一、单选题

1. 已知区间 $[-a, 2a+1]$,则实数 a 的取值范围是( ).

   A. $\mathbf{R}$ 　　　　　　　　　　　B. $\left[-\dfrac{1}{3}, +\infty\right)$

   C. $\left(-\dfrac{1}{3}, +\infty\right)$ 　　　　　　D. $\left(-\infty, -\dfrac{1}{3}\right)$

2. 某同学立定跳远的距离不少于 3.05 m,且不超过 3.28 m,此范围的数用区间表示为( ).

   A. $(3.05, 3.28)$ 　　　　　　　B. $(3.28, 3.05)$

   C. $[3.05, 3.28]$ 　　　　　　　D. $(-\infty, 3.05] \cup (3.28, +\infty)$

3. 不等式 $(2x+3)(3x-7) \leqslant 0$ 的整数解的个数为( ).

   A. 2 　　　　B. 3 　　　　C. 4 　　　　D. 5

4. 如果 $a, b, c, d \in \mathbf{R}$,则正确的是( ).

   A. 若 $a>b$,则 $\dfrac{1}{a}<\dfrac{1}{b}$ 　　　　B. 若 $a>b$,则 $ac^2>bc^2$

   C. 若 $a>b, c>d$,则 $a+c>b+d$ 　　D. 若 $a>b, c>d$,则 $ac>bd$

5. 绝对值不等式 $\left|\dfrac{x-1}{3}\right| > \dfrac{1}{2}$ 的解集是( ).

   A. $\left\{x \,\middle|\, -\dfrac{1}{2}<x<\dfrac{5}{2}\right\}$ 　　　B. $\left\{x \,\middle|\, x>\dfrac{5}{2} \text{ 或 } x<-\dfrac{1}{2}\right\}$

   C. $\left\{x \,\middle|\, x>\dfrac{5}{2}\right\}$ 　　　　　　D. $\left\{x \,\middle|\, x<\dfrac{1}{2}\right\}$

6. 一元二次不等式 $(x-1)(x-m)<0$ 的解集为 $(-2, 1)$,则 m 的取值范围是( ).

   A. $m>-2$ 　　　　　　　　B. $m<2$

   C. $m=2$ 　　　　　　　　　D. $m=-2$

7. 关于 x 的不等式 $ax^2+bx+2<0$ 的解集为 $\left(-\infty, -\dfrac{1}{3}\right) \cup \left(\dfrac{1}{2}, +\infty\right)$,则 $a-b$ 的值是( ).

   A. -14 　　　　　　　　　B. -12

   C. 12 　　　　　　　　　　D. 14

8. 已知二次函数 $y=ax^2+bx+c$ 的图像如图所示，则不等式 $ax^2+bx+c>0$ 的解集是（　　）.

A. $\{x\mid -2<x<1\}$

B. $\{x\mid x<-2 \text{ 或 } x>1\}$

C. $\{x\mid -2\leqslant x\leqslant 1\}$

D. $\{x\mid x\leqslant -2 \text{ 或 } x\geqslant 1\}$

二、多选题

9. 下列不等式中，不一定成立的是（　　）.

A. $x>0$　　　　　　　　　　B. $x^2>0$

C. $|x|>0$　　　　　　　　　D. $x^2\geqslant 0$

10. 下列推论中不正确的是（　　）.

A. 如果 $ac>bc$，那么 $a>b$　　B. 如果 $ac^2<bc^2$，那么 $a<b$

C. 如果 $a<b<0$，那么 $a^2<b^2$　D. 如果 $a^2>b^2$，那么 $a>b$

11. 若 $a>0$，$ab<0$，则下列结论中不成立的有（　　）.

A. $b>0$　　　　　　　　　　B. $b\geqslant 0$

C. $b<0$　　　　　　　　　　D. $b\in \mathbf{R}$

12. 下列不等式中解集不是 $\mathbf{R}$ 的是（　　）.

A. $\dfrac{3}{x}-1<\dfrac{3}{x}$　　　　　　　B. $|x|>0$

C. $x^2+2x+1>0$　　　　　　D. $2x^2+x+1>0$

三、填空题

13. 不等式组 $\begin{cases} 2x-5>3 \\ x-9<1 \end{cases}$ 的解集为 _____．

14. 当 $x\in$ _____ 时，$\sqrt{x^2-4}$ 有意义．

15. 在 $\mathbf{R}$ 上定义一种运算 $\odot$：$a\odot b=ab+a-2b$，则满足 $x\odot(2-x)<0$ 的实数 x 的取值范围为 _____．

16. 二次函数 $y=ax^2+bx+c(x\in \mathbf{R})$ 的部分对应值如表所示：

x	-3	-2	-1	0	1	2	3	4
y	6	0	-4	-6	-6	-4	0	6

则不等式 $ax^2+bx+c>0$ 的解集是 _____．

四、解答题

17. 解下列一元二次不等式.

(1) $x^2-x-2\leqslant 4$；

(2) $x^2>4x-4$.

18. 对任意实数 a，试比较 $(2a+1)^2$ 与 $(a-1)(3a+7)$ 的大小.

19. 已知函数 $y=ax^2+bx+c$，与 x 轴的两个交点分别为 $(-1,0)$，$(3,0)$，与 y 轴的交点为 $(0,-1)$.

(1) 求 a，b，c 的值；

(2) 分别写出满足 $ax^2+bx+c>0$ 及 $ax^2+bx+c<0$ 时 x 的取值范围 (用区间表示).

20. 已知 $a>b>0$，$m>0$，求证 $\dfrac{a}{b}>\dfrac{a+m}{b+m}$.

21. 若不等式 $x^2-mx+6<0$ 的解集是 $(2,3)$.

(1) 求 m 的值；

(2) 求不等式 $2x^2+mx+3>0$ 的解集.

22. 某工厂生产某种零件，已知平均日销量 x（件）与货价 P（元/件）之间的函数关系式为 $P=160-2x$，生产 x 件成本的函数关系式为 $C=500+30x$，试讨论：

(1) 该厂平均日销售量 x 为多少时，所得利润不少于 1 300 元；

(2) 当平均日销售量 x 为何值时，能获得最大利润，并求出最大利润.

第三章 函数

3.1 函数的概念

【学习目标】

知识目标：

了解构成函数的三要素，理解函数概念的本质和抽象函数符号 $f(x)$ 的意义；理解 $f(a)$（a 为常数）与 $f(x)$ 的区别与联系；会求一些简单函数的定义域及在某处的函数值．

技能目标：

经历函数概念形成的辨析过程，简单函数定义域及函数值的求解过程，渗透科学严谨的数学思想，发展学生的归纳推理、抽象逻辑思维能力．

素养目标：

体会函数是描述变量之间依赖关系的重要数学模型．

【学习重点】

理解函数的概念及应用．

【学习难点】

函数概念的实际应用．

【导学】

一、导入：复习巩固，导入课题

1. 商店销售某种饮料，售价每瓶 2.5 元，购买的总数 x（瓶）与总金额 y（元）的关系式可以表示为 _____；

2. 圆的周长 c 与半径 r 的关系式为 _____；

3. n 边形的内角和 s 与边数 n 的关系式为 _____．

二、精讲：突出重点，突破难点

请同学们根据题意填写下表：

$y = 2.5x$

x	1	2	3	4	5
y					

$c = 2\pi r$

r	1	2	3	4	5
c					

$s = (n-2) \times 180°$

n	1	2	3	4	5
s					

分析：按照关系式，将表格中已知的一个变量的值代入关系式中计算，求出另一个变量的值，你计算对了吗？观察以上三个式子，你发现它们有什么共同点了吗？

概念解读：

在某一个变化过程中有两个变量 x 和 y，设变量 x 的取值范围为数集 D，如果对于 D 内的每一个 x 值，按照某个对应法则 f，y 都有唯一确定的值与它对应，那么，把 x 叫作自变量，把 y 叫作 x 的函数，记作 $y = f(x)$，数集 D 叫作函数的定义域.

当 $x = x_0$ 时，函数 $y = f(x)$ 对应的值 y_0 叫作函数在点 x_0 处的函数值，记作 $y_0 = f(x_0)$. 函数值的集合 $\{y \mid y = f(x), x \in D\}$ 叫作函数的值域.

【互学】

三、合作：自主学习，小组合作

例 1 以下四个图像中，可以作为函数 $y = f(x)$ 的图像的是（　　）.

 A.   B.   C.   D.

例 2 下面各组函数中表示同一个函数的是（　　）.

A. $f(x) = x - 1$，$g(x) = \dfrac{x^2}{x} - 1$ B. $f(x) = x^2$，$g(x) = (\sqrt{x})^4$

C. $f(x) = \dfrac{x^2}{|x|}$，$g(x) = |x|$ D. $f(x) = \dfrac{x(x-2)}{x^2}$，$g(x) = 1 - \dfrac{2}{x}$

例 3 函数 $y = \sqrt{2x+2} + \dfrac{1}{x-3}$ 的定义域为 _____．（用区间形式表示）

四、巩固：当堂检测，突破自我

1. 函数 $f(x)=\sqrt{x^2+3x+2}$ 的定义域为 _____.

2. 函数相等：两个函数的 _____ 相同，并且 _____ 完全一致.

3. 下列哪个式子不是函数表达式？（　　）.

   A. $f(x)=2x^2-3$ 　　　　　　　　B. $y=\sqrt{x}$

   C. $f(x)=\dfrac{1}{x+1}$ 　　　　　　　　D. $y^2=x^2$

4. 已知 $f\left(\dfrac{1}{x}+1\right)=2x+3$，则 $f(2)$ 的值为（　　）.

   A. 6　　　　　　B. 5　　　　　　C. 4　　　　　　D. 3

五、小结：画龙点睛，提纲挈领

1. 同一函数解题的关键在于判断两个函数的定义域、值域是否相同，对应关系是否一致.

2. 函数定义域的求解，解题的关键在于掌握函数的基本性质和数值运算，例，偶次根式下被开方数大于等于 0，零次幂的底数不能为 0，分式中分母不能为 0 等.

3. 由图像判断其是否表示函数的关键是看图像是否对于任意的 $x=a$ 都至多有一个交点成立即可.

【评学】

六、互评：多元评价，促进成长

学生互评表													
评价项目	分值	等级							评价成员（第____组）				
									1	2	3	4	5	6
学习态度	10	优	10	良	8	中	6	差	4					
课堂纪律	10	优	10	良	8	中	6	差	4					
文明用语	10	优	10	良	8	中	6	差	4					
互帮互助	10	优	10	良	8	中	6	差	4					
学习效果	10	优	10	良	8	中	6	差	4					
创新意识	10	优	10	良	8	中	6	差	4					
参与小组活动	10	优	10	良	8	中	6	差	4					
任务单完成情况	10	优	10	良	8	中	6	差	4					
笔记情况	10	优	10	良	8	中	6	差	4					
小组贡献率	10	优	10	良	8	中	6	差	4					
合计	100													

作业：课后巩固，夯实成果

一、选择题

1. 下列所示的四幅图中，可表示为 $y=f(x)$ 的图像的只可能是（　　）.

A. 　　　　B. 　　　　C. 　　　　D.

2. 函数 $f(x)=\dfrac{\sqrt{1-x^2}}{x}$ 的定义域为（　　）.

A. $[-1, 0)\cup(0, 1]$ 　　　　B. $[-1, 1]$

C. $(0, 1]$ 　　　　D. $(-\infty, -1]\cup[1, +\infty)$

3. 已知函数 $f(x)=-2x^2-1$，则 $f(x+1)=$（　　）.

A. $-2x^2-1$ 　　　　B. $2x^2+4x-3$

C. $-2x^2+4x-3$ 　　　　D. $-2x^2-4x-3$

4*. （多选）某函数图像经过点 $(1,1)$ 和点 $(-1,-1)$，则它的解析式不可能为（　　）.

A. $y=x$ 　　B. $y=\dfrac{1}{x}$ 　　C. $y=\sqrt{x}$ 　　D. $y=-\dfrac{1}{x}$

二、填空题

5. 已知 $f(x)=x-3$，则 $f(a+3)=$ _____.

6*. 已知函数 $f(x)=\begin{cases}2x+1\,(x>0)\\1-x\,(x\leqslant 0)\end{cases}$，则 $f(2)=$ _____，$f[f(-2)]=$ _____.

三、解答题

7. 求下列函数的定义域：

(1) $y=\dfrac{1}{x-5}$；

(2) $y=\sqrt{2x+6}+\dfrac{2}{x-4}$.

8*. 已知函数 $f(x)=\begin{cases} 2x-5(x\geqslant 0) \\ x^2+2x(x<0) \end{cases}$.

(1) 求 $f[f(1)]$ 的值；

(2) 若 $f(|a-1|)<3$，求实数 a 的取值范围.

3.2 函数的表示方法

【学习目标】

知识目标：

重新认识、掌握函数的三种常用表示法及其特征.

技能目标：

在实际情景中会根据不同的需要选择合适的表示法来表示函数.

素养目标：

通过函数三种表示法的学习更好地体会数形结合的数学思想方法.

【学习重点】

掌握函数三种表示法的概念和特征.

【学习难点】

根据不同的需要选择合适的函数表示法.

【导学】

一、导入：复习巩固，导入课题

商店销售某种瓶装饮料，售价每瓶 2.5 元. 设购买饮料瓶数为 x（瓶），应付款为 y（元）. y 是 x 的函数吗？若是，请说说其定义域及其对应法则.

二、精讲：突出重点，突破难点

探究 1 上述问题中，不难看出 y 是关于自变量 x 的函数，$y=2.5x$ 具体表达了两变量之间存在的函数关系. 像这样，利用等式表示函数的方法叫作解析法，这个等式叫作函数的解析式.

探究 2 商店的售货员为了计算方便,经常将购买果汁饮料瓶数 x(瓶)与应付款 y(元)的对应关系列成表格.请聪明的你完成表格的填写.

x/瓶	1	2	3	4	5	6	7	8	…
y/元									…

通过表格的填写,你有什么发现?

像这样,用表格来表示函数的方法叫作列表法.

探究 3 下图所示为昆明市 2022 年 10 月 21 日一天内 24 h 的气温随时间变化的曲线图.

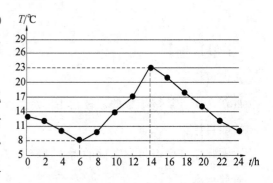

根据图像可知,该曲线形象地反映出气温 T(℃)与时间段 $[0,24]$ 的对应关系,对定义域中的任意时间 t,都有唯一的气温 T 与之对应,气温 T 是关于时间 t 的一个函数.

如图所示,对于一个函数,如果把自变量 x 与对应的函数值 y,分别作为直角坐标系中点的横坐标与纵坐标,那么由这些点组成的图形就是这个函数的图像,利用图像表示函数的方法叫作图像法.

函数三种表示法的优缺点:

函数表示法	优点	缺点
解析法	1.简明、全面地概括变量间的关系; 2.可求得自变量任意一个值对应的函数值	不够直观形象
列表法	直接看出与自变量相对应的函数值	只适用于自变量数目少的函数
图像法	直观形象反映变化趋势	不精确

【互学】

三、合作:自主学习,小组合作

例 1 恩格尔系数 r 是衡量一个国家富裕程度的指标之一.下表列出 2012—2019 年我国居民恩格尔系数统计情况,年份 x(单位:年)与恩格尔系数 r 满足函数关系 $r=f(x)$.

x	2012	2013	2014	2015	2016	2017	2018	2019
r	0.330	0.312	0.310	0.306	0.301	0.293	0.284	0.282

则 $f(2016)=$（　　）．

A. 0.306　　　　B. 0.310　　　　C. 0.301　　　　D. 0.312

例 2 一天早上小王乘爸爸开的私家车去学校，途中爸爸在路边小吃店吃早饭停了一段时间，下图描述了他上学的情景：离校的距离 S（单位：km）与时间 t（单位：min）的关系，则下列说法中错误的是（　　）．

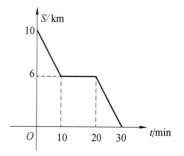

A. 学校离家的距离为 10 km

B. 爸爸停留的时间为 15 min

C. 到达学校共用的时间 30 min

D. 停留的地方离家 6 km

例 3 某商品进货单价为 40 元，若按 50 元一个销售，能卖出 100 个，若销售单价每涨 2 元，销售量就减少 4 个．设销售单价增加 x 个 2 元，则销售利润 y（元）关于 x 的函数关系式为 _____．

四、巩固：当堂检测，突破自我

1. 已知函数 $f(2x)=\sqrt{\dfrac{2x+7}{2}}$，则 $f(1)=$（　　）．

A. $\dfrac{3\sqrt{2}}{2}$　　　　B. -2　　　　C. 2　　　　D. $-\dfrac{3\sqrt{2}}{2}$

2. 函数 $f(x)=-5x^2+x+c$ 与 y 轴交于点 $M(0,5)$，则 c 的值为（　　）．

A. 5　　　　B. -5　　　　C $\dfrac{1}{5}$　　　　$-\dfrac{1}{5}$

3. 已知函数 $y=f(x)$ 表示为

x	$[-2, 0)$	0	$(0, 2]$
y	1	0	-2

设 $f(1)=m$，$f(x)$ 的值域为 M，则（　　）．

A. $m=-2$，$M=\{-2, 0, 1\}$　　　　B. $m=-2$，$M=\{y \mid -2 \leqslant y \leqslant 1\}$

C. $m=1$，$M=\{-2, 0, 1\}$　　　　D. $m=1$，$M=\{y \mid -2 \leqslant y \leqslant 1\}$

4. 若点 $(a, 1)$ 在函数 $f(x)=x^2-x-1$ 的图像上，则 $a=$ _____．

五、小结：画龙点睛，提纲挈领

(1) 函数值的求解，解题的关键在于结合图表求解；

(2) 函数解析式的求解，解题的关键在于把握 x 的取值范围；

(3) 函数值的求解，解题的关键在于掌握函数的基本性质和数值运算；

(4) 同一函数的性质，解题的关键在于比对两个函数的定义域、值域和对应关系；

(5) 嵌套函数的函数值的求解，解题的关键在于从里到外依次求解.

【评学】

六、互评：多元评价促进成长

教师综合评价表				
评价项目		评价标准	分值	得分
考勤（10%）		无无故迟到、早退、旷课现象	10	
学习过程（60%）	课前准备	课前预习工作完善，准备充分	10	
	课堂参与	能够积极参与课堂活动的开展、展示	10	
	学习态度	态度端正，无故意扰乱课堂现象	10	
	合作能力	与小组成员协调关系、合作良好	10	
	职业素养	在学习过程中能体现本专业职业素养	10	
	创新意识	在课堂上有创新意识，提出不同见解	10	
学习结果（30%）	学习完整	能按时完成各环节学习任务	10	
	作业情况	能保证课堂课后作业正确率	10	
	成果展示	能准确表达、及时复述学习收获	10	
合计			100	

作业：课后巩固，夯实成果

一、选择题

1. 若 $f(x)=2x+5$，则 $f(2)=($)．

   A. 5　　　　　　B. 7　　　　　　C. 9　　　　　　D. 11

2. 已知 $f(x)=3x-1$，$x \in [-2, 5]$，则其图像是（ ）．

   A. 一条直线　　　　　　　　　　B. 一条射线

   C. 一条线段　　　　　　　　　　D. 一些离散的点

3. 已知 $f(x)=x^2+3x+1$，则 $f(x+1)=($)．

   A. x^2+3x+2　　B. x^2+3x+5　　C. x^2+5x+5　　D. x^2+3x+6

4*.（多选）下列函数与函数 $f(x)=|x|$ 不相同的是（   ）.

A. $f(x)=\begin{cases} x, & x\geqslant 0 \\ -x, & x<0 \end{cases}$

B. $s=|t|$

C. $f(x)=\sqrt[3]{x^3}$

D. $y=(\sqrt{x})^2$

二、填空题

5. 若函数 $f(x)$ 与 x 的关系如下表所示，

x	0	1	2	3
$f(x)$	3	2	1	0

则 $f[f(0)]=$ _____.

6*. 某企业本年销售收入为 100 万元，如果年销售收入平均增长率为 5%，那么经过 x 年后，该企业年销售收入 y 与 x 的函数关系式为 _____.

三、解答题

7. 已知函数 $f(x)=ax^2+x+c$，且 $f(0)=4$，$f(1)=6$，求函数 $f(x)$ 的解析式.

8*. 某商店销售洗衣粉，年销售总量为 6 000 包，每包进价 2.8 元，销售价 3.4 元. 全年分若干次进货，每次进货均为 x 包. 已知每次进货运输劳务费为 62.5 元，全年保管费为 $1.5x$ 元.

(1) 把该店经销洗衣粉一年的利润 y（元）表示为每次进货量 x（包）的函数，并指出函数的定义域；

(2) 为了使利润最大化，每次应该进货多少包？

3.3 函数的性质

3.3.1 函数的单调性

【学习目标】

知识目标:

理解增函数、减函数的定义与函数的几何特征,掌握函数单调性的判定方法.

技能目标:

初步学会在具体函数中研究函数的一般性质的方法.

素养目标:

提高数学抽象、逻辑推理等核心素养.

【学习重点】

函数单调性的定义及函数单调性判断和证明.

【学习难点】

用定义证明函数的单调性.

【导学】

一、导入:创设情景,导入课题

观察图像,当自变量 x 增大时,函数 $y=x^2$ 图像怎样变化?如何用数学语言来描述这个变化?

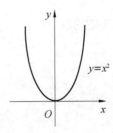

【归纳】

函数值随着自变量的增大而增大(或减小)的规律叫作函数的单调性.

二、精讲:突出重点,突破难点

设函数 $y=f(x)$ 在区间 (a,b) 内有意义.

(1)如图(1)所示,在区间(a,b)内,随着自变量的增加,函数值不断增大,图像呈上升趋势.即对于任意的x_1,$x_2\in(a,b)$,当$x_1<x_2$时,都有$f(x_1)<f(x_2)$成立.这时把函数$f(x)$叫作区间(a,b)内的**增函数**,区间(a,b)叫作函数$f(x)$的**增区间**.

(2)如图(2)所示,在区间(a,b)内,随着自变量的增加,函数值不断减小,图像呈下降趋势.即对于任意的x_1,$x_2\in(a,b)$,当$x_1<x_2$时,都有$f(x_1)>f(x_2)$成立.这时函数$f(x)$叫作区间(a,b)内的**减函数**,区间(a,b)叫作函数$f(x)$的**减区间**.

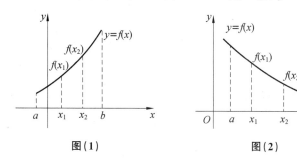

图(1)　　　　　　图(2)

如果函数$f(x)$在区间(a,b)内是增函数(或减函数),就称函数$f(x)$在区间(a,b)内具有单调性,区间(a,b)叫作函数$f(x)$的**单调区间**.

【互学】

三、合作:自主学习,小组合作

例1 函数$y=f(x)(x\in[-4,4])$的图像如图所示,则函数$f(x)$的单调递增区间为( ).

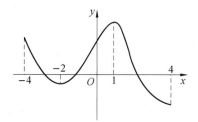

A.$[-4,-2]$　　　　　　　　　　B.$[-2,1]$

C.$[1,4]$　　　　　　　　　　　D.$[-4,-2]\cup[1,4]$

例2 已知函数$f(x)=x^2-ax+1$在$[2,+\infty)$上单调递增,则实数a的取值范围是( ).

A.$(-\infty,4)$　　　　　　　　　B.$[4,+\infty)$

C.$(-\infty,4]$　　　　　　　　　D.$(4,+\infty)$

例3 已知函数$f(x)=x+\dfrac{1}{x}$.

(1) 若 $f(a) = \dfrac{10}{3}$，求 a；

(2) 用定义法证明：函数 $f(x)$ 在区间 $(0, 1)$ 内单调递减．

四、巩固：当堂检测，突破自我

1. 已知定义在区间 $[-5, 5]$ 上的函数 $y = f(x)$ 的图像如图所示，则下列关于函数 $f(x)$ 的说法中错误的是（　　）．

A. 函数在区间 $[-5, -3]$ 上单调递增

B. 函数在区间 $[1, 4]$ 上单调递增

C. 函数在区间 $[-3, 1] \cup [4, 5]$ 上单调递减

D. 函数在区间 $[-5, 5]$ 上不具有单调性

2. 若函数 $f(x) = ax^2 - 2x - 3$ 在区间 $(-\infty, 2)$ 内单调递减，则实数 a 的取值范围是（　　）．

A. $\left[0, \dfrac{1}{2}\right]$ B. $\left(0, \dfrac{1}{2}\right]$ C. $\left(-\infty, \dfrac{1}{2}\right]$ D. $\left(-\infty, \dfrac{1}{2}\right)$

3. 已知函数 $f(x) = x + \dfrac{m}{x}$，且 $f(2) = 4$．

(1) 求实数 m 的值；

(2) 判断函数 $f(x)$ 在 $[2, +\infty)$ 内的单调性，并证明你的结论．

五、小结：画龙点睛，提纲挈领

关于函数的单调性、单调区间的理解应从以下几个方面把握：

1. 函数单调性定义中的 x_1，x_2 有以下三个特征：一是任意性，即任意取 x_1，x_2，

"任意"二字绝不能丢掉,证明单调性时更不可随意以两个特殊值替换;二是有大小,通常规定 $x_1 < x_2$;三是属于同一个单调区间,三者缺一不可.

2. 在写单调区间时,一般可以包括区间端点,也可以不包括区间端点,但当函数在某些点处无意义时,单调区间就不包括这些点.例如:$y = x^2$ 的增区间为 $(0, +\infty)$,也可以写为 $[0, +\infty)$;但函数 $y = \frac{1}{x}$ 在 $(-\infty, 0)$ 内是减函数,却不能写成在 $(-\infty, 0]$ 上是减函数,因为当 $x = 0$ 时,$y = \frac{1}{x}$ 无意义.

3. 单调区间一般不能取并集.如 $y = \frac{1}{x}$ 在 $(-\infty, 0)$ 内递减,在 $(0, +\infty)$ 内也递减,但不能说 $y = \frac{1}{x}$ 在 $(-\infty, 0) \cup (0, +\infty)$ 内递减.

4. 求函数的单调区间,必须先求函数的定义域,因为函数的单调区间一定是函数定义域的子区间.

【评学】

六、互评:多元评价,促进成长

学生自评表			
评价项目	评价标准	价值	得分
考勤	无无故迟到、早退、旷课现象	10	
课前准备	课前预习工作完善,准备充分	10	
课堂参与	能够积极参与课堂活动的开展、展示	10	
学习态度	态度端正,无故意扰乱课堂现象	10	
合作能力	与小组成员协调关系、合作良好	10	
创新意识	在课堂上有创新意识,提出不同见解	10	
学习效能	学有所得,能按时按质完成课后作业	10	
数学素养	获得一定的数学抽象、逻辑推理、数学建模、数学运算、直观想象、数据分析能力	10	
职业素养	在学习过程中能体现本专业职业素养	10	
道德品质	通过学习获得一定的道德品质提升	10	
合计		100	

作业：课后巩固，夯实成果

一、选择题

1. 下列函数中，在区间$(0, 1)$内是增函数的是( ).

   A. $y = -x^2 + 1$ 　　　　　　　　B. $y = \sqrt{x}$

   C. $y = \dfrac{1}{x}$ 　　　　　　　　D. $y = 3 - x$

2. 函数$y = \dfrac{1}{x}$的单调减区间为( ).

   A. $(-\infty, +\infty)$ 　　　　　　　　B. $(-\infty, 0) \cup (0, +\infty)$

   C. $(-\infty, 0) \cap (0, +\infty)$ 　　　　　　D. $(-\infty, 0)$，$(0, +\infty)$

3. 已知函数$f(x)$是定义域为$(0, +\infty)$的减函数，若$f(2-2m) > f(1+m)$，则实数m的取值范围是( ).

   A. $\left(\dfrac{1}{3}, +\infty\right)$ 　　B. $\left(-\infty, \dfrac{1}{3}\right)$ 　　C. $\left(\dfrac{1}{3}, 1\right)$ 　　D. $\left(-1, \dfrac{1}{3}\right)$

4*. (多选)下列说法中正确的是( ).

   A. 若对任意$x_1, x_2 \in I$，当$x_1 < x_2$时，$\dfrac{f(x_1) - f(x_2)}{x_1 - x_2} > 0$，则$y = f(x)$在$I$上是增函数

   B. 函数$y = x^2$在**R**上是增函数

   C. 函数$y = -\dfrac{1}{x}$在定义域上是增函数

   D. 函数$y = \dfrac{1}{x}$的单调减区间是$(-\infty, 0)$和$(0, +\infty)$

二、填空题

5. $f(x)$是定义在$[-2, 2]$上的减函数，若$f(m+1) > f(2-m)$，则实数m的取值范围是_____.

6*. 函数$f(x) = |x^2 - 2x - 3|$的单调增区间是_____.

三、解答题

7. 用定义法证明函数$f(x) = -\dfrac{3}{x}$在区间$(-\infty, 0)$内单调递增.

8*. 已知函数 $f(x)=\dfrac{x+1}{x+2}$，判断并证明 $f(x)$ 在 $(-2,+\infty)$ 内的单调性.

3.3.2 函数的奇偶性

【学习目标】

知识目标：

理解函数的奇偶性的概念；理解具有奇偶性的函数的图像特征，会判断简单函数的奇偶性.

技能目标：

培养学生的观察能力和数学思维能力.

素养目标：

提高数学抽象、逻辑推理等核心素养.

【学习重点】

函数奇偶性概念的形成和函数奇偶性的判断.

【学习难点】

函数奇偶性概念的探究与理解.

【导学】

一、导入：创设情景，导入课题

【回顾】一般地，设点 $P(a,b)$ 为平面上的任意一点，则

(1) 点 $P(a,b)$ 关于 x 轴的对称点的坐标为 $(a,-b)$；

(2) 点 $P(a,b)$ 关于 y 轴的对称点的坐标为 $(-a,b)$；

(3) 点 $P(a,b)$ 关于原点 O 的对称点的坐标为 $(-a,-b)$.

记忆口诀：关于谁谁不变，关于原点全都变.

【问题】观察下列函数图像是否具有对称性，如果有，关于什么对称？

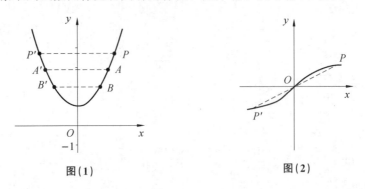

图(1)　　　　　　　　　　图(2)

对于图(1)，如果沿着 y 轴对折，那么对折后 y 轴两侧的图像完全重合. 即函数图像上任意一点 P 关于 y 轴的对称点 P' 仍然在函数图像上，这时称函数图像关于 y 轴对称；y 轴叫作这个函数图像的对称轴.

对于图(2)，如果将图像沿着坐标原点旋转 $180°$，旋转前后的图像完全重合. 即函数图像上任意一点 P 关于原点 O 的对称点 P' 仍然在函数的图像上，这时称函数图像关于坐标原点对称；原点 O 叫作这个函数图像的对称中心.

二、精讲：突出重点，突破难点

【概念】设函数 $y=f(x)$ 的定义域为数集 D，对任意的 $x \in D$，都有 $-x \in D$（即定义域关于坐标原点对称），若

(1) $f(-x)=f(x) \Leftrightarrow$ 函数 $y=f(x)$ 的图像关于 y 轴对称，此时称函数 $y=f(x)$ 为偶函数；

(2) $f(-x)=-f(x) \Leftrightarrow$ 函数 $y=f(x)$ 的图像关于坐标原点对称，此时称函数 $y=f(x)$ 为奇函数.

如果一个函数是奇函数或偶函数，那么就说这个函数具有奇偶性. 不具有奇偶性的函数叫作非奇非偶函数.

【特征】1. 奇函数的图像特征：若一个函数是奇函数，则这个函数的图像是以原点为对称中心的中心对称图形；反之，若一个函数的图像是以原点为对称中心的中心对称图形，则这个函数是奇函数.

2. 偶函数的图像特征：若一个函数是偶函数，则这个函数的图像是以 y 轴为对称轴的轴对称图形；反之，若一个函数的图像关于 y 轴对称，则这个函数是偶函数.

【互学】

三、合作：自主学习，小组合作

例 1 已知函数 $f(x)=\dfrac{1+x^2}{1-x^2}$.

(1) 求函数 $f(x)$ 的定义域；

(2) 判断 $f(x)$ 的奇偶性并证明.

例 2 已知 $f(x)=3ax^2+bx-5a+b$ 是偶函数，且其定义域为 $[6a-1,a]$，则 $a+b$ 的值为多少？

例 3 已知函数 $f(x)=x^3+x$ 图像的一部分，如何画出剩余部分？

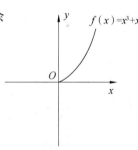

四、巩固：当堂检测，突破自我

1. 已知函数 $f(x)=\dfrac{2x}{x^2-1}(-1<x<1)$. 判断函数 $f(x)$ 的奇偶性，并说明理由.

2. 已知 $f(x)=ax^2-bx+1$ 是定义域为 $[a,a+1]$ 的偶函数，求 a^b-a^2 的值．

3. 已知函数 $y=f(x)$ 是定义在 **R** 上的偶函数，且当 $x\leqslant 0$ 时，$f(x)=x^2+2x$．现已画出函数 $f(x)$ 在 y 轴左侧的图像，如图所示：

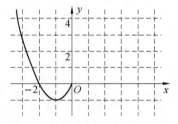

(1) 请补全函数 $y=f(x)$ 的图像；
(2) 根据图像写出函数 $y=f(x)$ 的单调递增区间．

五、小结：画龙点睛，提纲挈领

理解函数奇偶性的注意点：

1. 从奇函数、偶函数的定义可知，当 x 是定义域中的一个数值时，则 $-x$ 也必是定义域中的一个数值，因此函数 $y=f(x)$ 是奇函数或偶函数的一个必不可少的条件是定义域关于原点对称．换言之，若所给函数的定义域不关于原点对称，则这个函数不具有奇偶性．例如，函数 $y=x^2$ 在区间 $(-\infty,+\infty)$ 内是偶函数，但在区间 $[-3,5]$ 上却不具有奇偶性．

2. 若奇函数 $f(x)$ 在 $x=0$ 处有定义，则根据定义可得 $f(-0)=-f(0)$，即 $f(0)=0$，即奇函数的图像过原点．

3. 若 $f(-x)=-f(x)$，且 $f(-x)=f(x)$，则 $f(x)$ 既是奇函数又是偶函数．这样的函数有且只有一类，即 $f(x)=0$，$x\in D$，D 是关于原点对称的非空数集．

4. 若函数 $f(x)$ 为奇函数，则 $f(x)$ 在关于原点对称的两个区间 $[a,b]$ 和 $[-a,-b]$ 上具有相同的单调性；若函数 $f(x)$ 为偶函数，则 $f(x)$ 在关于原点对称的两个区间 $[a,$

$b]$ 和 $[-a,-b]$ 上具有相反的单调性.

【评学】

六、互评：多元评价，促进成长

学生互评表											
评价项目	分值	等级						评价成员（第＿＿＿组）				
								1	2	3	4	5	6
学习态度	10	优	10	良	8	中	6	差	4					
课堂纪律	10	优	10	良	8	中	6	差	4					
文明用语	10	优	10	良	8	中	6	差	4					
互帮互助	10	优	10	良	8	中	6	差	4					
学习效果	10	优	10	良	8	中	6	差	4					
创新意识	10	优	10	良	8	中	6	差	4					
参与小组活动	10	优	10	良	8	中	6	差	4					
任务单完成情况	10	优	10	良	8	中	6	差	4					
笔记情况	10	优	10	良	8	中	6	差	4					
小组贡献率	10	优	10	良	8	中	6	差	4					
合计	100													

作业：课后巩固，夯实成果

一、选择题

1. 已知 $f(x)=x^2-2$，$x\in(-5,5]$，则 $f(x)$ 是（　　）.

A. 奇函数　　　　　　　　　　B. 偶函数

C. 既是奇函数又是偶函数　　　D. 非奇非偶函数

2. 已知函数 $f(x)=x^2+(m-2)x+7m+1$ 为偶函数，则 m 的值是（　　）.

A. 1　　　　　　B. 2　　　　　　C. 3　　　　　　D. 4

3. 若偶函数 $f(x)$ 在 $(-\infty,-1]$ 上是增函数，则下列关系式中成立的是（　　）.

A. $f\left(-\dfrac{5}{2}\right)<f(-1)<f(2)$　　　　B. $f(-1)<f\left(-\dfrac{5}{2}\right)<f(2)$

C. $f(2)<f(-1)<f\left(-\dfrac{5}{2}\right)$　　　　D. $f\left(-\dfrac{5}{2}\right)<f(2)<f(-1)$

4*. (多选)下列函数中是偶函数，且在区间 $(0,1)$ 内单调递增的是（　　）.

A. $y=x^2-2$　　　　　　　　B. $y=\dfrac{2}{x}$

C. $y=|x|+\dfrac{1}{|x|}$ D. $y=\dfrac{x^2}{|x|}$

二、填空题

5. 已知 $f(x)$ 是定义在 **R** 上的奇函数，且当 $x>0$ 时，$f(x)=-x^2+2x$. 那么当 $x<0$ 时，$f(x)=$ _____ .

6*. 已知函数 $f(x)=ax^5-bx^3+1$，若 $f(m)=5$，则 $f(-m)=$ _____ .

三、解答题

7. 判断下列函数的奇偶性：(1) $f(x)=\sqrt{x^2-1}+\sqrt{1-x^2}$；

(2) $f(x)=\dfrac{2x^2+2x}{x+1}$.

8*. 已知函数 $f(x)=\dfrac{x^2+2}{a-3x}$ 是奇函数，求函数 $f(x)$ 的解析式.

3.3.3 几种常见的函数

【学习目标】

知识目标：

理解并掌握一次函数、反比例函数、二次函数的图像及性质，会运用其图像和性质解决数学问题.

技能目标：

形成善于提出问题的习惯，学会数学表达和交流，发展数学应用意识.

素养目标：

提高直观想象、数学运算等核心素养.

【学习重点】

一次函数、反比例函数、二次函数的图像及性质，运用其图像和性质解决数学问题.

【学习难点】

学会用数学语言表达函数的定义域、值域、单调性和奇偶性.

【导学】

一、导入：创设情景，导入课题

【回顾】1. 描述函数的单调性和奇偶性定义.

2. 描述函数 $y=2x+1$ 的单调性.

3. 描述函数 $y=\dfrac{1}{x}$ 的单调性.

在初中时我们学过一次函数、反比例函数、二次函数三种函数，我们在本章节学习过函数的定义域、值域、奇偶性和单调性，你能用我们刚学的知识去描述这三种函数吗？

二、精讲：突出重点，突破难点

【一次函数】$y=kx+b(k\neq 0)$ 是一次函数，其图像为直线，如图所示.

由解析式和图像可知：定义域：**R**；值域：**R**.

单调性：当 $k>0$ 时，在 **R** 上是增函数，如图(1)所示；当 $k<0$ 时，在 **R** 上是减函数，如图(2)所示.

奇偶性：$b=0$ 时，为奇函数；$b\neq 0$ 时，为非奇非偶函数.

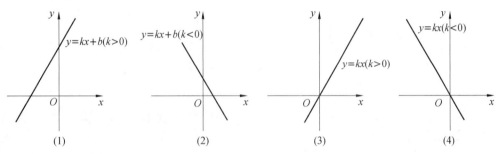

(1)　　　　　(2)　　　　　(3)　　　　　(4)

【反比例函数】$y=\dfrac{k}{x}(k\neq 0)$ 是反比例函数，其图像如图所示.

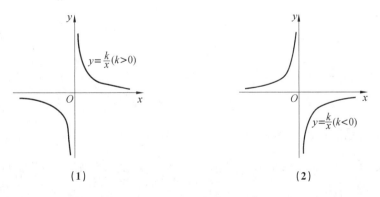

(1)　　　　　(2)

由解析式和图像可知：定义域：$(-\infty, 0) \cup (0, +\infty)$；

值域：$(-\infty, 0) \cup (0, +\infty)$.

单调性：当 $k>0$ 时，函数图像在第一、三象限，在 $(-\infty, 0)$ 和 $(0, +\infty)$ 内都是减函数；当 $k<0$ 时，函数图像在第二、四象限，在 $(-\infty, 0)$ 和 $(0, +\infty)$ 内都是增函数.

奇偶性：奇函数，图像关于原点中心对称.

【二次函数】$y = ax^2 + bx + c (a \neq 0)$ 是二次函数，其图像是抛物线，顶点坐标为 $\left(-\dfrac{b}{2a}, \dfrac{4ac-b^2}{4a}\right)$，对称轴方程为 $x = -\dfrac{b}{2a}$.

二次函数	$y = ax^2+bx+c(a>0)$	$y = ax^2+bx+c(a<0)$
定义域	R	
值域	$\left[\dfrac{4ac-b^2}{4a}, +\infty\right)$	$\left(-\infty, \dfrac{4ac-b^2}{4a}\right]$
奇偶性	当 $b=0$ 时为偶函数	
单调性	在 $\left(-\infty, -\dfrac{b}{2a}\right]$ 上是减函数，在 $\left[-\dfrac{b}{2a}, +\infty\right)$ 内是增函数	在 $\left(-\infty, -\dfrac{b}{2a}\right]$ 上是增函数，在 $\left[-\dfrac{b}{2a}, +\infty\right)$ 内是减函数

【互学】

三、合作：自主学习，小组合作

例1 函数 $y = x^2 - x + 2$ 在下列哪个区间上是单调减函数（　　）.

A. $(0, +\infty)$　　　　B. $(-\infty, 0)$　　　　C. $(1, +\infty)$　　　　D. $(-\infty, 1)$

例2 若函数 $f(x) = (k^2 - 3k + 2)x + b$ 在 **R** 上是减函数，则 k 的取值范围为 _____.

例3 设反比例函数 $y = \dfrac{k}{x} (k \neq 0)$ 的图像经过点 $(-3, -2)$，问：函数图像是否一定经过点 $(3, 2)$？

四、巩固：当堂检测，突破自我

1. 若函数 $f(x) = x^2 - mx + 10$ 在 $(-2, -1)$ 内是减函数，则实数 m 的取值范围是（　　）.

A. $[2, +\infty)$ B. $[-2, +\infty)$ C. $(-\infty, 2]$ D. $(-\infty, -2]$

2. 若函数 $f(x)=(2a-1)x$ (a 为实数) 是 **R** 上的减函数, 则(   ).

A. $a \geqslant \dfrac{1}{2}$ B. $a \leqslant \dfrac{1}{2}$ C. $a > \dfrac{1}{2}$ D. $a < \dfrac{1}{2}$

3. 设反比例函数 $y=\dfrac{k}{x}(k \neq 0)$, $g(x)$ 是定义域在 **R** 上的偶函数, 且 $f(2)=g(2)=2$. 比较 $f(-2)$ 与 $g(-2)$ 的大小.

五、小结：画龙点睛，提纲挈领

1. 反比例函数的图像不是连续的, 故反比例函数的单调性都是在各自象限内的.

2. 若二次函数的图像与 x 轴有两个交点, 则这两个交点关于 $x=-\dfrac{b}{2a}$ 对称.

【评学】

六、互评：多元评价，促进成长

教师综合评价表				
评价项目		评价标准	分值	得分
考勤（10%）		无无故迟到、早退、旷课现象	10	
学习过程（60%）	课前准备	课前预习工作完善，准备充分	10	
	课堂参与	能够积极参与课堂活动的开展、展示	10	
	学习态度	态度端正，无故意扰乱课堂现象	10	
	合作能力	与小组成员协调关系、合作良好	10	
	职业素养	在学习过程中能体现本专业职业素养	10	
	创新意识	在课堂上有创新意识，提出不同见解	10	
学习结果（30%）	学习完整	能按时完成各环节学习任务	10	
	作业情况	能保证课堂课后作业正确率	10	
	成果展示	能准确表达、及时复述学习收获	10	
合计			100	

作业：课后巩固，夯实成果

一、选择题

1. 已知 $f(x)=(3a-1)x+b$ 在 $(-\infty, +\infty)$ 内是增函数, 则 a 的取值范围是(   ).

A. $\left(-\infty, \dfrac{1}{3}\right)$　　　B. $\left(\dfrac{1}{3}, +\infty\right)$　　　C. $\left(-\infty, \dfrac{1}{3}\right]$　　　D. $\left[\dfrac{1}{3}, +\infty\right]$

2. 已知 $f(x)=x^2+2ax+1$ 在 $[-5,5]$ 上单调，则实数 a 的取值范围是(　　).

A. $(-\infty, 5]$　　　　　　　　　　B. $[5, +\infty)$

C. $[-5, 5]$　　　　　　　　　　　D. $(-\infty, 5] \cup [5, +\infty)$

3. 若函数 $f(x)=x^2-(m-2)x+4$ 在区间 $(1, 2)$ 内存在最小值，则实数 m 的取值范围是(　　).

A. $(3, 4)$　　　B. $(4, 6)$　　　C. $[5, 9]$　　　D. $[-11, -7]$

4*. (多选)若函数 $y=x^2-4x-4$ 的定义域为 $[0, m]$，值域为 $[-8, -4]$，则 m 的值可能是(　　).

A. 2　　　　　B. 3　　　　　C. 4　　　　　D. 5

二、填空题

5. 若函数 $f(x)=ax^2-1$，a 为正常数，且 $f[f(-1)]=-1$，则 a 的值是 _____.

6*. 函数 $f(x)=x^2+(2a+1)x+1$ 在区间 $[1, 2]$ 上是单调函数，则实数 a 的取值范围是 _____.

三、解答题

7. 已知函数 $y=(2m+1)x+m-3$.

(1)若函数图像经过原点，求 m 的值；

(2)若这个函数是一次函数，且 y 随着 x 的增大而减小，求 m 的取值范围.

8*. 二次函数图像上部分点的横坐标 x，纵坐标 y 的对应值如表所示.

x	…	-4	-3	-2	-1	0	1	…
y	…	5	0	-3	-4	-3	m	…

(1) $m=$ _____;

(2)在图中画出这个二次函数的图像；

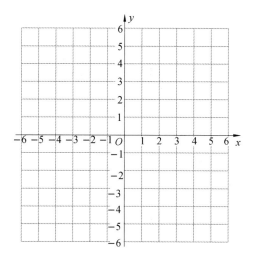

(3)当 $y \geqslant 5$ 时，x 的取值范围是 _____；

(4)当 $-4 < x < 1$ 时，y 的取值范围是 _____.

3.4 函数的应用

【学习目标】

知识目标：

掌握从实际问题中抽象出函数模型解决简单实际问题的方法.

技能目标：

培养学生分析与解决问题的能力，了解什么是数学建模，提高学生的基本学科素养.

素养目标：

提高数学抽象、逻辑推理等核心素养.

【学习重点】

一次函数、分段函数、二次函数模型的应用.

【学习难点】

根据实际问题建立函数模型；二次函数模型的最值问题.

【导学】

一、导入：创设情景，导入课题

我们学习过的一次函数、二次函数等都与现实有着紧密联系．下面通过一些实例感受它们的广泛应用，体会利用函数模型解决实际问题的过程与方法．

二、精讲：突出重点，突破难点

【一次函数模型】在一定范围内，某种产品的购买量 y（单位：t）与每吨价格 x（单位：元）之间满足一次函数关系，如果购买 1 000 t，每吨为 800 元；如果购买 2 000 t，每吨为 700 元．一客户购买 400 t，每吨价格应该是多少？

解：根据题意可得，产品的购买量 y（单位：t）与每吨价格 x（单位：元）之间满足一次函数关系，所以设解析式为 $y=kx+b(k\neq 0)$．

当 $x=800$ 时，$y=1\,000$，当 $x=700$ 时，$y=2\,000$，

故得方程组 $\begin{cases}800k+b=1\,000\\700k+b=2\,000\end{cases}$，解得 $\begin{cases}k=-10\\b=9\,000\end{cases}$．

所以 $y=-10x+9\,000$，故当 $y=400$ 时，由 $-10x+9\,000=400-10$，得 $x=860$，即客户购买 400 t，每吨的价格为 860 元．

【二次函数模型】某淘宝店家为了在"双 11"这天获取最大利润，欲提高每件商品的销售价格．该商品进货单价为 8 元，按 10 元/件的价格每天可销售 100 件，若销售单价每提高 1 元，销售量就减少 10 件．

问题 1：假设销售单价提高 x 元，利润为 y 元，请列出函数解析式；

问题 2：当 x 为多少时，利润 y 最大，最大为多少？

解：(1)根据题意可得，提价后的单件利润为 $10+x-8=2+x$，销售数量为 $100-10x$，则利润 y 与 x 的解析式为 $y=-10x^2+80x+200(x\geqslant 0)$．

(2)在二次函数 $y=-10x^2+80x+200(x\geqslant 0)$ 中，$a=-10$，$b=80$，$c=200$，

所以 $-\dfrac{b}{2a}=-\dfrac{80}{2\times(-10)}=4$，$\dfrac{4ac-b^2}{4a}=\dfrac{4\times(-10)\times 200-80^2}{4\times(-10)}=360$．

故当 x 为 4 时，利润 y 最大，最大为 360 元．

【分段函数模型】甲厂根据以往的生产销售经验得到下面有关生产销售的统计规律：每生产产品 x（单位：百台），其总成本为 $G(x)$（单位：万元），其中固定成本为 2.8 万元，并且每生产 1 百台的生产成本为 1 万元（总成本＝固定成本＋生产成本），销售收入 $R(x)=\begin{cases}-0.4x^2+4.2x,&0\leqslant x\leqslant 5\\11,&x>5\end{cases}$，假定该产品产销平衡（即生产的产品都能卖掉），根据上述统计规律，请完成下列问题：

(1)写出利润函数 $y=f(x)$ 的解析式（利润＝销售收入－总成本）；

(2)甲厂生产多少台新产品时，盈利最多？

解：(1)由题意得 $G(x)=2.8+x$．

故 $f(x)=R(x)-G(x)=\begin{cases}-0.4x^2+3.2x-2.8, & 0\leqslant x\leqslant 5\\ 8.2-x, & x>5\end{cases}$.

(2)当 $x>5$ 时，因为函数 $f(x)$ 单调递减，

所以 $f(x)_{\max}=8.2-5=3.2$(万元).

当 $0\leqslant x\leqslant 5$ 时，函数 $f(x)=-0.4x^2+3.2x-2.8$，

当 $x=-\dfrac{b}{2a}=-\dfrac{3.2}{2\times(-0.4)}=4$ 时，$f(x)$ 有最大值为 3.6 万元.

故当工厂生产 4 百台时，可使盈利最大为 3.6 万元.

【步骤】解函数应用题的一般步骤：

1. 设未知数(确定自变量和函数)；

2. 找等量关系，列出函数关系式；

3. 化简，整理成标准形式(一次函数，二次函数等)；

4. 利用函数知识，求解(通常是最值问题)；

5. 写出结论.

【互学】

三、合作：自主学习，小组合作

例1 小张为自己已经用光话费的手机充值 100 元，他购买的服务是：20 元/月包接听，主叫 0.2 元/min. 这个月内，求他手机所存话费 y(元)与主叫时间 t(min)之间的函数关系式.

例2 将进货单价为 40 元的商品按 50 元售出时，能卖 500 个，已知这种商品每涨价 1 元，其销售量就减少 10 个，为了赚取最大利润，售价应定为多少元？

例3 某市出租车收费标准为:当行程不超过 3 km 时,收费 8 元;当行程超过 3 km 但不超过 10 km 时,在收费 8 元的基础上,超过 3 km 的部分按 1.5 元/km 收费;当行程超过 10 km 时,超过 10 km 的部分按 2 元/km 收费.

(1)写出车费 y(元)与行程 x(km)的函数关系式;

(2)若甲乘客乘车 9 km,则应付费用多少?

(3)若乙乘客乘车 12 km,则应付费用多少?

四、巩固:当堂检测,突破自我

1. 李老师在菜市场购买标价为 4 元/kg 的土豆 x (kg),并花 2 元钱买了一个能装 6 kg 物品的环保购物袋,求应付款 y(元)的函数解析式.

2. 用长度为 80 m 的护栏围出一个一面靠墙的矩形运动场地,如图所示,运动场地的一条边记为 x(单位:m),面积记为 S(单位:m^2).

(1)求 S 关于 x 的函数关系;

(2)求 S 的最大值.

3. A，B 两地相距 150 km，某汽车以每小时 50 km 的速度从 A 地到 B 地，在 B 地停留 2 h 之后，又以每小时 60 km 的速度返回 A 地．写出该车离 A 地的距离 s(km)关于时间 t(h)的函数关系，并画出函数图像．

五、小结：画龙点睛，提纲挈领

易错点：要注意考虑到实际问题中每一个量的实际意义，不能只从函数解析式有意义的角度去确定函数的定义域．

【评学】

六、互评：多元评价，促进成长

学生自评表			
评价项目	评价标准	价值	得分
考勤	无无故迟到、早退、旷课现象	10	
课前准备	课前预习工作完善，准备充分	10	
课堂参与	能够积极参与课堂活动的开展、展示	10	
学习态度	态度端正，无故意扰乱课堂现象	10	
合作能力	与小组成员协调关系、合作良好	10	
创新意识	在课堂上有创新意识，提出不同见解	10	
学习效能	学有所得，能按时保质完成课后作业	10	
数学素养	获得一定的数学抽象、逻辑推理、数学建模、数学运算、直观想象、数据分析能力	10	
职业素养	在学习过程中能体现本专业职业素养	10	
道德品质	通过学习获得一定的道德品质提升	10	
合计		100	

作业：课后巩固，夯实成果

一、选择题

1. 小明骑车上学，开始以某一速度行使，途中自行车发生了故障，修好后，小明加快了速度，准时赶到了学校，下面四个函数图像(s 为路程，t 为时间)，能反映上述过程的是(　　).

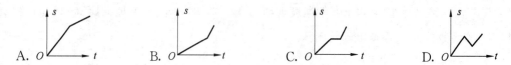

A.　　　　　　B.　　　　　　C.　　　　　　D.

2.某产品的利润 y(万元)与产量 x(台)之间的函数关系式为 $y=-2x^2+40x+300$,则利润 y 取最大值时,产量 x 为(　　).

A.10　　　　　B.20　　　　　C.30　　　　　D.40

3.为了保护水资源,提倡节约用水,某城市对居民生活用水实行"阶梯水价",计费方法如表所示:

每户每月用水量	水价
不超过 12 m³ 的部分	3 元/m³
超过 12 m³ 但不超过 18 m³ 的部分	6 元/m³
超过 18 m³ 的部分	9 元/m³

若某户居民本月缴纳的水费为 90 元,则此户居民本月的用水量为(　　).

A.17 m³　　　　B.18 m³　　　　C.19 m³　　　　D.20 m³

4*.(多选)某停车场的收费标准如下:临时停车半小时内(含半小时)免费,临时停车半小时以上 1 h 以内(含 1 h)收费 5 元,超过 1 h 的部分每多停车 1 h 收费 3 元,不足 1 h 按 1 h 计算,24 h 内最高收费 40 元.现有甲、乙两车临时停放在该停车场,则下列说法中正确的是(　　).

A. 若甲车与乙车的停车时长之和为 1.6 h,则停车费用之和可能为 8 元

B. 若甲车与乙车的停车时长之和为 2.5 h,则停车费用之和可能为 10 元

C. 若甲车与乙车的停车时长之和为 10 h,则停车费用之和可能为 34 元

D. 若甲车与乙车的停车时长之和为 25 h,则停车费用之和可能为 45 元

二、填空题

5.2021 年 10 月,某人的工资应纳税所得额是 11 000 元,纳税标准如表所示,则他应该纳税 _____ 元.

级数	应纳税所得额	税率/%
1	不超过 3 000 元的部分	3
2	超过 3 000 元至 12 000 元的部分	10

6*.某市出租车收费标准:路程不超过 2 km,收费为 8 元;路程超过 2 km 但不超过 8 km 的部分,每千米车费为 2.1 元;路程超过 8 km 的部分,每千米车费为 3.1 元,若该

乘客所付车费为 23.7 元,则出租车行驶的路程是 _____.

三、解答题

7. 某品牌汽车油箱最大容量为 50 L,平均耗油量为百公里 10 L,已知汽车油箱中还有汽油 40 L,如果不再加油,那么汽车中的油量 y(单位:L)随行驶里程 x(单位:km)的增加而减少.

(1)写出 y 与 x 的函数关系式;

(2)汽车行驶 150 km,油箱中还有多少汽油?

8*. 某农家旅游公司有客房 300 间,每间日租金为 20 元,每天都客满.公司欲提高档次,并提高租金,如果每间客房日租金每增加 2 元,那么每天客房出租间数就会减少 10 间.若不考虑其他因素,该公司将每间客房的日租金提高到多少元时,可使每天客房的租金总收入最高?最高为多少元?

第三章 函数单元检测卷(A)

一、单选题

1. 下列各函数图像中，不可能是函数 $y=f(x)$ 的图像的是( ).

A.　　　　　　　　B.　　　　　　　　C.　　　　　　　　D.

2. 下列函数中，与函数 $y=x$ 是同一函数的是( ).

A. $y=\sqrt{x^2}$　　　　　　　　　　B. $y=\sqrt[3]{x^3}$

C. $y=(\sqrt{x})^2$　　　　　　　　　D. $y=\dfrac{x^3}{x^2}$

3. 已知函数 $f(2x+1)=x^2+1$，则 $f(3)=$( ).

A. 1　　　　　B. 2　　　　　C. 4　　　　　D. 6

4. 已知 $f(x)=\begin{cases}-x,& x\leqslant 0\\ x^2,& x>0\end{cases}$，则 $f(-3)=$( ).

A. -3　　　　B. 3　　　　　C. -9　　　　D. 9

5. 函数 $f(x)=\dfrac{1}{x-1}+\sqrt{x+2}$ 的定义域为( ).

A. $[-2,1)\cup(1,+\infty)$　　　　　　B. $[-1,2)\cup(2,+\infty)$

C. $[-1,+\infty)$　　　　　　　　　　D. $[-2,1)$

6. 如图所示，给出奇函数 $y=f(x)$ 的局部图像，则 $2f(-1)+3f(-2)$ 的值为( ).

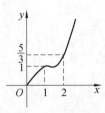

A. -7　　　　B. 7　　　　　C. 5　　　　　D. -5

7. 下列函数中，在区间 $(0,1)$ 内是增函数的是( ).

A. $y=-x^2+1$　　　　　　　　　B. $y=\sqrt{x}$

C. $y=\dfrac{1}{x}$　　　　　　　　　　D. $y=3-x$

8. 在自然界中，某种植物生长发育的数量 y 与时间 x 的关系如表所示：

x	1	2	3	…
y	1	3	5	…

下面的函数关系式中，能表达这种关系的是（　　）.

A. $y=2x-1$
B. $y=x^2-1$
C. $y=2x+1$
D. $y=1.5x^2-2.5x+2$

二、多选题

9. 若二次函数 $f(x)=x^2+(2-a)x+1$ 在区间 $[-1,2]$ 上是增函数，则 a 可以是（　　）.

A. -1　　B. 0　　C. 1　　D. 2

10. 下列各组函数中不是同一个函数的是（　　）.

A. $f(x)=x^2-2x-1$，$g(m)=m^2-2m-1$

B. $f(x)=1$，$g(x)=x^0$

C. $f(x)=\sqrt{x^2-1}$，$g(x)=\sqrt{x+1} \cdot \sqrt{x-1}$

D. $f(x)=x$，$g(x)=\dfrac{x^2}{x}$

11. 下列函数中为偶函数的是（　　）.

A. $y=\sqrt{x}$
B. $y=x$
C. $y=x^2$
D. $y=x^4$

12. 已知函数 $f(x)=\begin{cases}x^2+1,&x\leqslant 0\\\sqrt{x}+8,&x>0\end{cases}$，若 $f(a)=10$，则实数 a 的值可以是（　　）.

A. 3　　B. -3　　C. 4　　D. -4

三、填空题

13. 已知函数 $f(x)$ 在 $[3-2a,a]$ 上是偶函数，则实数 $a=$ _____.

14. 已知函数 $f(x)=-x^2+4x-3$，则函数 $f(x)$ 的单调增区间是 _____.

15. 已知 $f(2x-1)=4x+6$，则 $f(5)$ 的值为 _____.

16. 设函数 $f(x)=\begin{cases}x^2+2&(x<2)\\2x&(x>2)\end{cases}$，则 $f(-4)=$ _____.

四、解答题

17. 判断下列函数的奇偶性：

(1) $f(x) = 3x^2 + 7$；

(2) $f(x) = x^3 + \dfrac{1}{x}$.

18. 若 $f(x)$ 是偶函数，且在 $(0, +\infty)$ 内单调递减，比较 $f(-3)$，$f(1)$，$f(2)$ 的大小.（用"$>$"或"$<$"连接）

19. 已知函数 $f(x) = x + \dfrac{1}{x}$.

(1) 若 $f(a) = \dfrac{10}{3}$，求 a；

(2) 用定义法证明：函数 $f(x)$ 在区间 $(0, 1)$ 内单调递减.

20. 已知函数 $f(x) = \dfrac{x+2}{x-1}$.

(1) 点 $(3, 4)$ 在 $f(x)$ 的图像上吗？

(2) 当 $x = 4$ 时，求 $f(x)$ 的值；

(3) 当 $f(x) = 2$ 时，求 x 的值.

21. 已知函数 $f(x)=\begin{cases} x^2+1, & 0\leqslant x\leqslant 2 \\ 1-x, & -2\leqslant x<0 \\ 3, & x<-2 \end{cases}$

(1) 求 $f[f(-1)]$ 的值；

(2) 在坐标系中画出 $f(x)$ 的草图；

(3) 写出函数 $f(x)$ 的单调区间和值域.

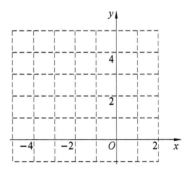

22. 已知函数 $f(x)=\dfrac{2x}{x^2-1}(-1<x<1)$.

(1) 判断函数 $f(x)$ 的奇偶性，并说明理由；

(2) 判断函数 $f(x)$ 的单调性并证明.

第三章 函数单元检测卷(B)

一、单选题

1. 下列图像中不能表示函数的是(   ).

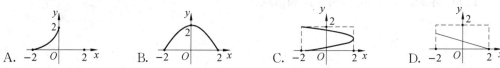

2. 已知函数 $f(x)=\begin{cases} x^2+1, & x<2 \\ \sqrt{x}-3, & x\geq 2 \end{cases}$，则 $f[f(4)]$ 的值为(   ).

   A. -1　　　　　　B. 0　　　　　　C. 1　　　　　　D. 2

3. 下列函数中与 $y=x-1$ 是同一函数的是(   ).

   A. $y=\sqrt{(x-1)^2}$　　　　　　　　　　B. $y=\dfrac{x^2}{x}-1$

   C. $y=\dfrac{x^2-1}{x+1}$　　　　　　　　　　D. $y=\sqrt[3]{x^3}-1$

4. 已知函数 $f(x)=x^2+(m-2)x+7m+1$ 为偶函数，则 m 的值是(   ).

   A. 1　　　　　　B. 2　　　　　　C. 3　　　　　　D. 4

5. 若偶函数 $f(x)$ 在区间 $[3,7]$ 上是增函数且最大值是6，则 $f(x)$ 在 $[-7,-3]$ 上是(   ).

   A. 增函数，最大值是6　　　　　　B. 增函数，最小值是6

   C. 减函数，最大值是6　　　　　　D. 减函数，最小值是6

6. 已知 $f(x)$ 是偶函数，$f(x)$ 在 $[1,3]$ 上是增函数，则 $f(1)$，$f(-2)$，$f(-3)$ 的大小关系为(   ).

   A. $f(1)>f(-2)>f(-3)$　　　　　　B. $f(-2)>f(-3)>f(1)$

   C. $f(-3)>f(1)>f(-2)$　　　　　　D. $f(-3)>f(-2)>f(1)$

7. 某厂印刷某图书总成本 y(元)与图书日印量 x(本)的函数解析式为 $y=5x+3\,000$，而图书出厂价格为每本10元，则该厂为了不亏本，日印图书至少为(   ).

   A. 200 本　　　　B. 400 本　　　　C. 600 本　　　　D. 800 本

8. 已知函数 $f(x)=-\dfrac{1}{2}x^2+x$ 在区间 $[a,b]$ 上的最小值为 $3a$，最大值为 $3b$，则 $a+b=($ $)$.

A. -4 B. $\dfrac{1}{6}$ C. 2 D. $\dfrac{13}{6}$

二、多选题

9. 下列函数中，哪些函数的图像关于 y 轴对称？（   ）

   A. $y=\sqrt{|x|}$ B. $y=x+\dfrac{1}{x}$

   C. $y=\dfrac{2}{x^2+1}$ D. $y=x-\dfrac{1}{x}$

10. 下列函数中，既是偶函数又在 $(0,+\infty)$ 内单调递增的函数有（   ）．

    A. $y=2x^4+x^2$ B. $y=x^2+2$

    C. $y=|x|$ D. $y=(\sqrt{x})^2$

11. 对于定义在 $\mathbf{R}$ 上的函数 $f(x)$，下列判断中正确的是（   ）．

    A. 若 $f(x)$ 是偶函数，则 $f(-2)=f(2)$

    B. 若 $f(-2)\neq f(2)$，则 $f(x)$ 不是偶函数

    C. 若 $f(2)>f(1)$，则函数 $f(x)$ 是 $\mathbf{R}$ 上的增函数

    D. 若 $f(2)>f(1)$，则函数 $f(x)$ 在 $\mathbf{R}$ 上不是减函数

12. 下列说法中正确的是（   ）．

    A. 若存在 $x_1,x_2\in\mathbf{R}$，当 $x_1<x_2$ 时，有 $f(x_1)<f(x_2)$，则 $f(x)$ 在 $\mathbf{R}$ 上单调递增

    B. 函数 $f(x)=\dfrac{1}{x}$ 在定义域内单调递减

    C. 函数 $f(x)=x^2-2x+3$ 的单调递增区间是 $[1,+\infty)$

    D. 不等式 $x^2-2x+1\geqslant 0$ 的解集是 $\mathbf{R}$

三、填空题

13. 函数 $g(x)=\sqrt{-x^2-2x+24}$ 的定义域为 _____．

14. 函数 $y=x^2-4x+3$ 在区间 $[-1,m]$ 上有最小值 -1，则实数 m 的取值范围是 _____．

15. 已知定义域为 $\mathbf{R}$ 的函数 $f(x)=2x-3$，$g(x)=3x$，则 $f[g(-1)]=$ _____．

16. 已知函数 $f(x-1)=x^2+6$，则 $f(x)=$ _____．

四、解答题

17. 判断下列函数的奇偶性：

    (1) $f(x)=x^4+2x^2$；

    (2) $f(x)=x^3+3x$；

(3) $f(x)=x+\dfrac{1}{x}$.

18.(1)已知 $f(x)$ 是二次函数,且满足 $f(0)=1$,$f(x+1)-f(x)=2x$,求 $f(x)$ 的解析式;

(2)已知 $f(x+1)=2x^2+3x+2$,求 $f(x)$ 的解析式.

19.已知定义在 **R** 上的函数 $f(x)=2x^2-ax-6$,且 $f(-1)=-4$.

(1)求 $f(2)$ 的值;

(2)若方程 $f(x)=3x$ 的两根为 x_1 与 x_2,求 $x_1^2+x_2^2$ 的值.

20.已知函数 $f(x)=\dfrac{ax+b}{1+x^2}$ 是定义域为 $[-1,1]$ 上的奇函数,且 $f(1)=\dfrac{1}{2}$.

(1)求 $f(x)$ 的解析式;

(2)求 $f\left(\dfrac{1}{2}\right)$,$f\left(\dfrac{1}{3}\right)$.

21. 已知函数 $f(x)=\dfrac{x^2+1}{x}(x\neq 0)$.

(1) 判断函数 $f(x)$ 的奇偶性,并说明理由;

(2) 判断函数 $f(x)$ 在 $[1,+\infty)$ 内的单调性,并利用单调性定义说明理由.

22. 已知函数 $f(x)=x+\dfrac{m}{x}$,且 $f(2)=4$.

(1) 求实数 m 的值;

(2) 判断函数 $f(x)$ 在 $[2,+\infty)$ 内的单调性,并证明你的结论;

(3) 求函数 $f(x)$ 在 $[3,4]$ 上的最值.

第四章 三角函数

4.1 角的概念的推广

4.1.1 任意角

【学习目标】

知识目标：

了解正角、负角和零角的含义；了解角所在象限的判定方法.

技能目标：

能够通过归纳总结、类比推理的方法获得新知．能用数学眼光观察世界，将实际生活问题与数学知识联系起来，提高解决问题的能力．

素养目标：

在初中基础上进一步提升学生的数形结合思想，培养学生的直观想象素养、数学运算素养．

【学习重点】

了解角的分类，掌握各种分类下角的特征．

【学习难点】

能够理解角的推广的现实意义．

【导学】

一、导入：创设情景，导入课题

古巴比伦人在长期的天文观测中获得了制定"角"的灵感，并且定义圆周角为 360°，平角为 180°. 在初中阶段，我们已经初步学习了角的概念和分类，请结合所学，完成下表：

角的分类	锐角	直角	钝角	平角	周角
角的范围					

【思考】初中给出的角的概念是怎样的？有没有比360°还大的角？它们该如何表示？

【思考】体育用品公司361°的广告词为"多一度热爱"，我们已经知道周角为360°，你能否画出361°的角？

初中对于角的定义是：具有公共端点的两条射线组成的图形．我们发现，两条共端点的射线所形成的角只能在0°～360°，超出这个范围的角无法再用初中所学定义表示出来．这里，我们对角引入一种新的定义．

二、精讲：突出重点，突破难点

在平面内，一条射线绕其端点按顺（逆）时针方向旋转到另一位置后形成的图形叫作角．我们规定，射线按照逆时针方向旋转形成的角叫作正角；按照顺时针方向旋转形成的角叫作负角；没有经过旋转形成的角叫作零角．

如图(1)所示，射线OA绕端点按照逆时针方向旋转到OB位置，形成了一个正角；如图(2)所示，射线OA绕端点按照顺时针方向旋转到OB位置，形成了一个负角．其中开始位置的射线OA叫作这个角的始边，终止位置的射线OB叫作这个角的终边，射线端点叫作这个角的顶点．

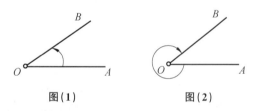

图(1) 图(2)

【思考】图(1)和图(2)表示的是同一个角吗？

结合上面所学，我们知道，在保持始边不动的条件下，终边的旋转方向决定了角的正负，终边旋转的度数决定了角的大小．因此，我们将对角的终边所存在的几种情况给出规定．为了方便研究，本书在平面直角坐标系中研究角的性质，并且将角的顶点与坐标系原点重合，将角的始边与坐标系x轴非负半轴重合．

我们规定：当角的终边落在第几象限，就把这个角叫作第几象限角，或者说这个角在第几象限．

如图(3)所示，30°角是第一象限角，或者说30°角在第一象限；120°角是第二象限角，或者说120°角在第二象限；220°角是第三象限角，或者说220°角在第三象限；-45°角是第四象限角，或者说-45°角在第四象限．

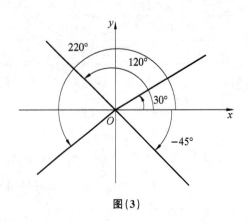

图(3)

特别地,当角的终边落在坐标轴上时形成的角叫作界限角,例如 0°,90°,180°,270°,-90°,-180°等都是界限角.

【互学】

三、合作:自主学习,小组合作

例1 请在平面直角坐标系中画出下列各角,判断它们是象限角还是界限角,如果是象限角,请指出该角是第几象限角.

(1)45°;(2)135°;(3)240°;(4)-270°.

例2 下列关于角的说法中正确的是( ).

A. 第一象限的角一定是锐角 B. 钝角一定是第二象限角

C. 第二象限角比第一象限角大 D. 大于90°的角一定是钝角

四、巩固:当堂检测,突破自我

1.下列命题中正确的是( ).

A. 第一象限角一定不是负角 B. 小于90°的角一定是锐角

C. 钝角一定是第二象限角 D. 第一象限角一定是锐角

2.-35°是第( )象限角.

A. 一 B. 二 C. 三 D. 四

3.已知 $\alpha=160°$,那么 $\dfrac{\alpha}{2}$ 是( ).

A. 第一象限角 B. 第二象限角

C. 第三象限角　　　　　　　　　　D. 第四象限角

4. 已知角 α 是锐角，则角 2α 是（　　）．

A. 第一象限角　　　　　　　　　　B. 第二象限角

C. 小于 180°的正角　　　　　　　　D. 不大于直角的正角

五、小结：画龙点睛，提纲挈领

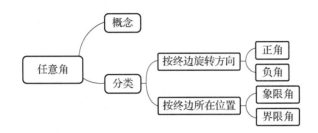

【评学】

六、互评：多元评价，促进成长

评价项目	分值	等级						评价成员（第＿＿＿组）					
								1	2	3	4	5	6
学习态度	10	优	10	良	8	中	6	差	4					
课堂纪律	10	优	10	良	8	中	6	差	4					
文明用语	10	优	10	良	8	中	6	差	4					
互帮互助	10	优	10	良	8	中	6	差	4					
学习效果	10	优	10	良	8	中	6	差	4					
创新意识	10	优	10	良	8	中	6	差	4					
参与小组活动	10	优	10	良	8	中	6	差	4					
任务单完成情况	10	优	10	良	8	中	6	差	4					
笔记情况	10	优	10	良	8	中	6	差	4					
小组贡献率	10	优	10	良	8	中	6	差	4					
合计	100													

学生互评表

作业：课后巩固，夯实成果

一、选择题

1. 角 α＝－30°，将其终边绕原点按逆时针方向旋转一圈，所得角 α＝（　　）．

A. 150°　　　　B. 330°　　　　C. 30°　　　　D. 180°

2. 下列命题中正确的是（　　）．

A. 小于 90°的角一定是锐角   B. 第一象限的角一定不是负角

C. 平角是界限角   D. 钝角不一定是第二象限的角

3.（多选）下列各角中，终边在 y 轴上的是（   ）.

A. 90°   B. 180°   C. 270°   D. $-270°$

4*. 如果 α 是锐角，那么 3α 的终边不可能在（   ）.

A. 第一象限   B. 第二象限

C. 第三象限   D. 第四象限

二、填空题

5. 时钟走了 1 小时 45 分钟，则分针走过的角度是 _____.

6*. 已知角 α 的终边上一点 $P(2a+3, a-1)$，终边落在第四象限，则 a 的取值范围是 _____.

三、解答题

7. 假设 α 为锐角，试画出当角 α 的终边关于 x 轴、y 轴对称，关于原点中心对称后得到的角，并且指出这些角在第几象限，与 α 存在怎样的数量关系？

8*. 在本节课，我们已经学习了任意角的概念及分类，在任意角的正负、度数都不确定的情况下，我们该如何研究任意角的性质，请结合任意角的分类展开讨论.

4.1.2 终边相同的角

【学习目标】

知识目标：

了解终边相同的角的概念以及判定方法.

技能目标：

能够通过归纳总结、类比推理的方法获得新知. 能初步感知三角函数的周期性，通过归纳终边相同的角的特征提高解决问题的能力. 能够利用集合表示终边相同的角.

素养目标：

在初中基础上进一步提升学生的数形结合思想，培养学生的直观想象素养、数学运算素养.

【学习重点】

了解终边相同的角的概念以及判定方法.

【学习难点】

能够用集合表示终边相同的角.

【导学】

一、导入：复习回顾，导入课题

在上节课"突出重点、突破难点"环节中，我们给出这样一个思考：下面图中的两个角是同一个角吗？

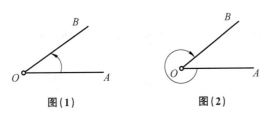

图(1)　　　　　图(2)

显然，图(1)和图(2)表示的角分别是正角和负角，所以它们表示的不是同一个角. 但是你能观察出它们之间有何关联吗？本节课将要探讨此类角所具有的性质.

二、精讲：突出重点，突破难点

可以看出，上面的两个角最明显的几何特征在于两个角的终边所在位置一致. 所以，我们可以得知，如果仅知道角的终边位置，那么这个角的角度是不唯一的. 例如，在平面直角坐标系中，我们可以观察到40°、-320°、400°角的终边相同.

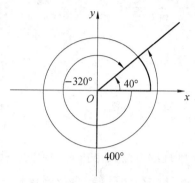

并且，-320°角可以看作以40°角的终边继续顺时针旋转一周得到；400°角可以看作以40°终边继续逆时针旋转一周得到.

所以，这三个角度间存在如下数量关系：
$$40°=40°+0\times 360°$$
$$-320°=40°+(-1)\times 360°$$
$$400°=40°+1\times 360°$$

【思考】与40°终边相同的角一共有多少个？应该如何表示？

与40°角终边相同的角都可以看作以40°角终边为始边，旋转若干个圆周后得到的，结合上述三个角的数量关系，我们得到总结，与40°角终边相同的角可以表示为
$$\beta=40°+k\cdot 360°$$

【思考】上式中的 k 应该满足什么条件？

一般地，与角 α 终边相同的所有角组成的集合为
$$\{\beta|\beta=\alpha+k\cdot 360°,k\in \mathbf{Z}\}$$
即所有与角 α 终边相同的角都可以表示成角 α 与360°的整数倍的和.

【互学】

三、合作：自主学习，小组合作

例1 请写出与下列各角终边相同的所有角组成的集合：
(1)45°；(2)135°；(3)240°；(4)-270°.

例2 在 $0°\sim 360°$ 范围内找出与下列各角终边相同的角:
(1)$380°$;(2)$-50°$;(3)$-750°$;(4)$1\,080°$.

例3 下列各角中,与 $2\,022°$ 终边相同的角是( ).
A. $22°$ B. $-222°$ C. $-138°$ D. $138°$

例4 已知 α 角是第一象限角,试写出由角 α 组成的集合.

四、巩固:当堂检测,突破自我

1. $3\,620°$ 是第( )象限角.

A. 一 B. 二
C. 三 D. 四

2. 在 $0°\sim 360°$,与角 $420°$ 终边相同的角是( ).

A. $40°$ B. $60°$
C. $80°$ D. $120°$

3. 与 $-2\,022°$ 终边相同的最小正角是( ).

A. $138°$ B. $132°$
C. $58°$ D. $42°$

4. 在 $360°\sim 720°$ 与 $\alpha=-145°$ 终边相同的角是( ).

A. $215°$ B. $505°$
C. $575°$ D. $585°$

五、小结:画龙点睛,提纲挈领

1. 终边相同的角之间相差 $k\cdot 360°(k\in \mathbf{Z})$.

2. 与角 α 终边相同的所有角组成的集合为 $\{\beta|\beta=\alpha+k\cdot 360°,k\in \mathbf{Z}\}$.

3. 求与一个角终边相同的最小正角,即求与这个角在 $0°\sim 360°$ 范围内终边相同的角.

【评学】

六、互评：多元评价，促进成长

教师综合评价表				
评价项目		评价标准	分值	得分
考勤(10%)		无无故迟到、早退、旷课现象	10	
学习过程(60%)	课前准备	课前预习工作完善，准备充分	10	
	课堂参与	能够积极参与课堂活动的开展、展示	10	
	学习态度	态度端正，无故意扰乱课堂现象	10	
	合作能力	与小组成员协调关系、合作良好	10	
	职业素养	在学习过程中能体现本专业职业素养	10	
	创新意识	在课堂上有创新意识，提出不同见解	10	
学习结果(30%)	学习完整	能按时完成各环节学习任务	10	
	作业情况	能保证课堂课后作业正确率	10	
	成果展示	能准确表达、及时复述学习收获	10	
合计			100	

作业：课后巩固，夯实成果

一、选择题

1. 在 $0°\sim360°$ 范围内，与 $-300°$ 终边相同的角是( )．

   A. $30°$ B. $60°$ C. $210°$ D. $330°$

2. 与 $340°$ 角终边相同的角是( )．

   A. $-160°$ B. $-20°$ C. $20°$ D. $160°$

3. (多选)下列说法中正确的是( )．

   A. 终边相同的角一定相同

   B. 相同的角一定终边相同

   C. 与一个角终边相同的角有无数个

   D. 在 $0°\sim360°$ 范围内与一个角终边相同的角只有一个

4*. 当与 $-40°$ 角终边相同的正角可以表示为 $\alpha=-40°+k\cdot 360°$ 时，k 应该满足( )．

   A. $k\in \mathbf{Z}$ B. $k\in \mathbf{N}^*$ C. $k\in \mathbf{N}$ D. $k\in \mathbf{R}$

二、填空题

5. 写出与 $30°$ 终边相同的角所构成的集合 ＿＿＿＿＿＿．

6*. 在 $-720°\sim 0°$ 范围内,与 $35°$ 终边相同的角为 _____.

三、解答题

7. 请写出与下列各角终边相同的角构成的集合:
(1) $60°$;(2) $125°$;(3) $215°$;(4) $-30°$

8*. 请写出终边在直线 $y=x$ 上的角构成的集合.

4.2 弧度制

【学习目标】

知识目标:

了解弧度制及1弧度的定义;理解角度制与弧度制的互化,了解弧度制下的弧长公式和扇形面积公式.

技能目标:

能够提高学生发现问题和提出问题的能力,培养学生采用多元化的角度思考问题、解决问题. 对于不同的度量单位可以从原有知识的基础上给出迁移,尝试采用类比的方式猜想相关结论.

素养目标:

进一步提升学生的数形结合思想,培养学生的数学运算素养、直观想象素质.

【学习重点】

了解弧度制及1弧度的定义,理解角度制与弧度制的互化,了解弧度制下的弧长公式和扇形面积公式.

【学习难点】

能够理解角度制与弧度制的互换,能够类比三角形面积公式获得扇形面积公式.

【导学】

一、导入：情景引入，导入课题

古巴比伦人发现，太阳在春分、秋分两天划过半个周天的轨迹恰好等于 180 个太阳直径，因此他们定义圆周角为 360 度，平角为 180 度．并且给周角和平角的定义以及度数按照 60 进制来计算，还体现了古人在保证时间历法精确性上的智慧．结合角的产生，我们对角的表示通常用数字且带有右上角圆圈的符号表示，其中这个标志性的圆圈符号最早代表的是太阳．在上一节中，我们学习了角的概念和分类，和初中阶段的学习内容有一定的差异．那么在角的表示上我们能否再有一些新的突破呢？

【思考】请大家观察图(1)和图(2)，图中展示的是 30°角和 50°角在半径相同的圆中呈现的扇形，大家能结合两个图形说出这两个扇形和角度之间有哪些关系吗？

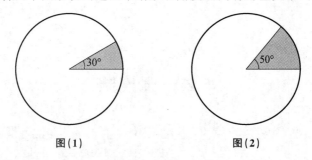

图(1)　　　　　　　　　　图(2)

显然，这两个图形中，角大小和扇形的变化存在明显的关系，例如圆心角的角度越大，扇形的面积就越大等．因此我们可以得出结论，初中在三角形部分学习过的"大边对大角，小边对小角"的规律同样适用在扇形的弧长和圆心角上．

二、精讲：突出重点，突破难点

可以看出，圆上的弧长和圆心角之间存在着密切的关系．

我们规定，当圆上的弧长等于圆的半径时，弧长所对的圆心角叫作 1 弧度的角，记作"1 rad"，读作"1 弧度"（如图所示）．以"弧度"为单位度量角的单位制叫作弧度制．

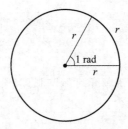

以此类推，当圆上的弧长等于 2 倍的圆的半径时，弧长所对的圆心角叫作 2 弧度的角…所以，在半径为 r 的圆中，当弧长为 l 时，弧长所对的圆心角为 α，那么

$$|\alpha| = \frac{l}{r} \quad (1)$$

我们规定，正角的弧度数是正数，负角的弧度数是负数，零角的弧度数是零．其中，角 α 的正负由角 α 的终边的旋转方向决定．

通常情况下，只知道弧长和半径的长度时，无法确定角的终边和始边，因此利用式(1)求解弧度制下的圆心角时一般取绝对值，即只讨论圆心角的大小，不讨论方向．

根据上面的结论，我们知道，一个半径为 r 的圆的周长是 $2\pi r$，整个圆周所对的圆心角的弧度制为 $|\alpha| = \frac{l}{r} = \frac{2\pi r}{r} = 2\pi\,\mathrm{rad}$．同时，一个圆周角在角度制下表示为 $360°$．所以

$$2\pi\ \mathrm{rad} = 360°$$

$$\pi\ \mathrm{rad} = 180°$$

由此可得角度制与弧度制的互换公式：

$$1\,\mathrm{rad} = \left(\frac{180}{\pi}\right)° \approx 57.3°$$

$$1° = \frac{\pi}{180}\,\mathrm{rad} \approx 0.017\ \mathrm{rad}$$

注意：用弧度制表示角的时候，可以省略单位"rad"，例如"1 rad"可以写成"1"；用角度制表示角的时候，不能省略单位"°"．

在上面【思考】部分，我们还得到结论：圆心角越大，扇形的面积越大．接下来，我们将要探究扇形的面积应该如何计算．

大家观察下面的三角形和扇形，结合三角形的面积公式，你对扇形的面积公式有何猜想？

当三角形的底边为 a，高为 h 时，三角形的面积公式为 $S_{三角形} = \frac{1}{2}ah$；类比可知，当扇形的弧长为 l，半径为 r 时，扇形的面积公式为

$$S_{扇形} = \frac{1}{2}lr$$

将 $|\alpha| = \frac{l}{r}$ 变形为 $l = |\alpha|r$，代入上式可得

$$S_{扇形} = \frac{1}{2}|\alpha|r^2$$

【互学】

三、合作：自主学习，小组合作

例 1 请将 $60°$ 化为弧度制是（   ）．

A. $\dfrac{\pi}{2}$ B. $\dfrac{\pi}{3}$ C. $\dfrac{\pi}{4}$ D. $\dfrac{\pi}{6}$

例 2 将 $\dfrac{8\pi}{5}$ 化为角度制是（   ）．

A. $290°$ B. $289°$ C. $288°$ D. $287°$

例 3 如图所示，圆心角弧度数为 $1\,\mathrm{rad}$ 的扇形 OAB 的半径 $r=1$，此扇形的面积为（   ）．

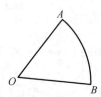

A. $\dfrac{1}{2}$ B. 1 C. 2 D. 4

四、巩固：当堂检测，突破自我

1. $120°$ 化为弧度制是（   ）．

A. $\dfrac{2\pi}{3}$ B. $\dfrac{3\pi}{2}$ C. $\dfrac{4\pi}{3}$ D. $\dfrac{3\pi}{4}$

2. 把 $\dfrac{3\pi}{5}$ 化成角度制是 _____．

3. 在半径为 2 的圆中，圆心角为 $\dfrac{\pi}{7}$ 所对的弧长为 _____．

4. 已知扇形面积为 $\dfrac{3\pi}{8}$，弧长是 $\dfrac{\pi}{2}$，则扇形的半径是 _____．

五、小结：画龙点睛，提纲挈领

1. 弧长公式：$|\alpha|=\dfrac{l}{r}$．

2. 角度制与弧度制的转化：$1\,\mathrm{rad}=\left(\dfrac{180}{\pi}\right)°$，$1°=\dfrac{\pi}{180}\,\mathrm{rad}$．

3. 类比三角形得到扇形面积公式：$S_{扇形}=\dfrac{1}{2}lr$．

【评学】

六、互评：多元评价，促进成长

学生自评表			
评价项目	评价标准	价值	得分
考勤	无无故迟到、早退、旷课现象	10	
课前准备	课前预习工作完善，准备充分	10	
课堂参与	能够积极参与课堂活动的开展、展示	10	
学习态度	态度端正，无故意扰乱课堂现象	10	
合作能力	与小组成员协调关系、合作良好	10	
创新意识	在课堂上有创新意识，提出不同见解	10	
学习效能	学有所得，能按时按质完成课后作业	10	
数学素养	获得一定的数学抽象、逻辑推理、数学建模、数学运算、直观想象、数据分析能力	10	
职业素养	在学习过程中能体现本专业职业素养	10	
道德品质	通过学习获得一定的道德品质提升	10	
合计		100	

作业：课后巩固，夯实成果

一、选择题

1. $140°$化为弧度制为( ).

   A. $\dfrac{8}{9}\pi$ B. $\dfrac{5}{9}\pi$ C. $\dfrac{7}{9}\pi$ D. $\dfrac{4}{9}\pi$

2. 将$\dfrac{2\pi}{9}$化为角度制为( ).

   A. $10°$ B. $20°$ C. $40°$ D. $50°$

3. 已知扇形圆心角为$\dfrac{\pi}{6}$，圆心角所对弧长为$\dfrac{2\pi}{3}$，则扇形的面积是( ).

   A. $\dfrac{\pi}{3}$ B. $\dfrac{2\pi}{3}$ C. π D. $\dfrac{4\pi}{3}$

4*. (多选)下列说法中正确的是( ).

   A. 在弧度制下，单位"rad"不可以省略

   B. 在角度制下，单位"°"不可以省略

C. 在扇形中，已知圆心角，半径，弧长中任意两个量即可求解扇形面积

D. 2 是第二象限角

二、填空题

5. $15° = $ _____ rad.

6*. 已知扇形面积为 $\dfrac{3\pi}{8}$，半径是 1，则扇形的圆心角是 _____ .

三、解答题

7. 将下列弧度制化为角度制，角度制化为弧度制：

(1) $\dfrac{\pi}{3}$;   (2) 2π ;   (3) $90°$;   (4) $45°$.

8*. 已知扇形 AOB 的周长为 8，扇形的面积为 3，求其圆心角的大小．

4.3 任意角的三角函数

4.3.1 任意角的三角函数定义

【学习目标】

知识目标：

理解任意角的三角函数(正弦、余弦、正切)的定义；能根据任意角的三角函数定义求出具体的角的三角函数值.

技能目标：

在定义的学习及概念同化的过程中培养学生类比、分析以及研究问题的能力.

素养目标：

通过师生互动、生生互动，增强学生学好数学的热情，产生热爱数学的情感，培养学生数学运算素养、逻辑推理素养.

【学习重点】

根据任意角三角函数(正弦、余弦、正切)的定义，求出某一确定角的三角函数值.

【学习难点】

引导学生将任意角的三角函数的定义同化，帮助学生真正理解定义并学会应用.

【导学】

一、导入：复习旧知，导入课题

1. 我们在初中通过直角三角形的边角关系，学习了锐角的正弦、余弦、正切这三个三角函数，请回忆：初中时，正弦、余弦、正切这三个三角函数分别是如何规定的.

2. 高中，我们已经将角的范围推广到了任意角，那么锐角三角函数的概念也能推广到任意角的三角函数吗？请同学们思考并讨论.

二、精讲：突出重点，突破难点

提问：(1) $\sin 30° =$ _____.

(2) 这个值是怎么来的？为什么 $\sin 30° = \dfrac{1}{2}$？

(3) 如果给我们任意一个角 α 呢？

【思考 1】你能用平面直角坐标系中角终边上点的坐标表示锐角三角函数吗？

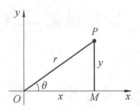

由观察可知：△POM 是直角三角形，由勾股定理可得，

$$r=\sqrt{x^2+y^2}$$

$\sin\theta=\dfrac{\text{对边}}{\text{斜边}}=\dfrac{|PM|}{|OP|}=\dfrac{y}{r}$；$\cos\theta=\dfrac{\text{邻边}}{\text{斜边}}=\dfrac{|OM|}{|OP|}=\dfrac{x}{r}$；$\tan\theta=\dfrac{\text{对边}}{\text{邻边}}=\dfrac{|PM|}{|OM|}=\dfrac{y}{x}$

【思考 2】如果是任意一个角 α 呢？是否也满足上列式子？

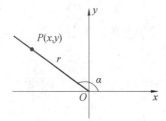

通过观察和计算，可知任意角都满足上列式子．

$$r=\sqrt{x^2+y^2}$$

$$\sin\alpha=\dfrac{y}{r}\text{；}\cos\alpha=\dfrac{x}{r}\text{；}\tan\alpha=\dfrac{y}{x}$$

【思考 3】点 P 在角终边上的位置会影响三角函数的值吗？

由相似三角形的性质可知：$\dfrac{y}{r}$、$\dfrac{x}{r}$、$\dfrac{y}{x}$ 这三个比值只取决于角的大小，与点 P 在角终边上的位置无关．

结论：设角 α 为平面直角坐标系中的任意一个角，在其终边上任取一点 $P(x,y)$（点 P 与原点 O 不重合）．对于任意角 α，有如下定义：

$$r=\sqrt{x^2+y^2}$$

$\dfrac{y}{r}$ 称为角的正弦，记作 $\sin\alpha$，即 $\sin\alpha=\dfrac{y}{r}$；

$\dfrac{x}{r}$ 称为角的余弦，记作 $\cos\alpha$，即 $\cos\alpha=\dfrac{x}{r}$；

$\dfrac{y}{x}$ 称为角的正切，记作 $\tan\alpha$，即 $\tan\alpha=\dfrac{y}{x}$．

【互学】

三、合作：自主学习，小组合作

例 1 已知角 α 的终边经过点 $P(-3, 4)$，求 $\cos\alpha$ 的值.

例 2 已知角 α 终边上有一点 $P(x, 4)$，已知 $\cos\alpha = \dfrac{3}{5}$，求 x 的值.

四、巩固：当堂检测，突破自我

1. 已知角 α 终边上的点 P 的坐标如下，分别求出角 α 的正弦、余弦和正切.
(1)$(-3, -2)$；(2)$(1, -2)$.

2. 已知角终边上一点 $P(3, y)$，且 $\sin\alpha = -\dfrac{4}{5}$，求 y 的值.

3*. 已知角的终边过 $P(-4, 3)$，则 $\cos\alpha - \left(\dfrac{\sin\alpha}{\cos\alpha}\right)^{-1} + (\sin\alpha)^0 = $ _____.

五、小结：画龙点睛，提纲挈领

已知角 α 终边上一点 $P(x, y)$（点 P 与原点不重合），求任意角 α 的三角函数值：
$$r = \sqrt{x^2 + y^2}$$
$$\sin\alpha = \dfrac{y}{r};\ \cos\alpha = \dfrac{x}{r};\ \tan\alpha = \dfrac{y}{x}$$

注：正弦值、余弦值、正切值有正有负有零，具体根据横纵坐标的值来确定.

【评学】

六、互评：多元评价，促进成长

学生互评表														
评价项目	分值	等级							评价成员(第＿＿组)					
									1	2	3	4	5	6
学习态度	10	优	10	良	8	中	6	差	4					
课堂纪律	10	优	10	良	8	中	6	差	4					
文明用语	10	优	10	良	8	中	6	差	4					
互帮互助	10	优	10	良	8	中	6	差	4					
学习效果	10	优	10	良	8	中	6	差	4					
创新意识	10	优	10	良	8	中	6	差	4					
参与小组活动	10	优	10	良	8	中	6	差	4					
任务单完成情况	10	优	10	良	8	中	6	差	4					
笔记情况	10	优	10	良	8	中	6	差	4					
小组贡献率	10	优	10	良	8	中	6	差	4					
合计	100													

作业：课后巩固，夯实成果

一、选择题

1. 已知角 α 的终边经过点 $P(\sqrt{3}, -1)$，则角 α 的正切值为（　　）.

   A. $\sqrt{3}$ 　　　　B. $-\sqrt{3}$ 　　　　C. $\dfrac{\sqrt{3}}{3}$ 　　　　D. $-\dfrac{\sqrt{3}}{3}$

2. 角 α 的终边过点 $(3, 4)$，则 $\sin\alpha + \cos\alpha = $（　　）.

   A. $\dfrac{7}{5}$ 　　　　B. $\dfrac{10}{25}$ 　　　　C. $\dfrac{12}{25}$ 　　　　D. $\dfrac{12}{5}$

3. 在平面直角坐标系中，$60°$ 角终边上点 P 的坐标为 $(1, m)$，已知 $\tan 60° = \sqrt{3}$，则实数 m 的值为（　　）.

   A. $\dfrac{\sqrt{3}}{2}$ 　　　　B. $\sqrt{3}$ 　　　　C. $2\sqrt{3}$ 　　　　D. $3\sqrt{3}$

4*. (多选)在平面直角坐标系中，$P(-\sqrt{3}, y)$ 为其终边上一点，且 $\sin\alpha = \dfrac{y}{2}$，则 y 的值为（　　）.

   A. $\sqrt{3}$ 　　　　B. $-\sqrt{3}$ 　　　　C. 1 　　　　D. -1

二、填空题

5. 已知角 α 的终边上一点 $P(2, y)$，且 $\sin\alpha = \dfrac{3\sqrt{13}}{13}$，则 y 的值为 _____.

6*. 已知角 α 的终边上一点 $P(2, y)$，且 $\cos\alpha = \dfrac{2\sqrt{13}}{13}$，则 y 的值为 _____.

三、解答题

7. 已知角 α 的终边过点 $P(1, y)(y<0)$，$\sin\alpha = \dfrac{y}{2}$，求 $2\sin\alpha + \cos\alpha - \tan\alpha$ 的值.

8*. 已知角 θ 的终边过点 $P(-4a, 3a)(a\neq 0)$，求 $\sin\theta + \cos\theta$ 的值.

4.3.2 单位圆与三角函数

【学习目标】

知识目标：

理解单位圆的定义；掌握正弦值、余弦值和正切值在每个象限的符号；掌握特殊角的正弦值、余弦值和正切值.

技能目标：

通过探究单位圆与三角函数之间的关系，培养学生数形结合及数形互化的能力.

素养目标：

通过师生互动、生生互动，增强学生学好数学的热情，产生热爱数学的情感，培养数形结合、逻辑推理素养.

【学习重点】

正弦值、余弦值和正切值在每个象限的符号.

【学习难点】

理解单位圆与三角函数之间的关系.

【导学】

一、导入：复习旧知，导入课题

1. 已知角 α 的终边上有一点 $P(x,y)$，那么角 α 的正弦、余弦、正切是如何定义的呢？

$$\sin\alpha=\frac{y}{r}；\cos\alpha=\frac{x}{r}；\tan\alpha=\frac{y}{x}$$

2. 如图所示，$|OP|=r$，若令 $r=1$，那么角的正弦、余弦、正切又如何定义呢？

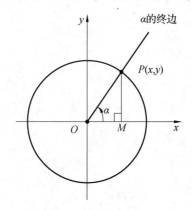

二、精讲：突出重点，突破难点

在平面直角坐标系中，圆心为原点，半径为单位长度的圆称为单位圆．

角 α 的终边与单位圆相交于点 $P(x,y)$，$r=|OP|=1$．由正弦函数和余弦函数的定义，可得：

$$\sin\alpha=\frac{y}{r}=\frac{y}{1}=y；\cos\alpha=\frac{x}{r}=\frac{x}{1}=x$$

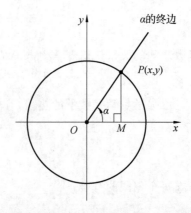

由此可得，角 α 的终边与单位圆的交点 P 的坐标可以表示为 $P(\cos\alpha,\sin\alpha)$．

【思考1】你可以利用三角函数的定义来判断正弦函数、余弦函数、正切函数在各象限的符号吗?

在单位圆中,$\sin\alpha = y$,所以当 $y>0$ 时,即角 α 的终边在第一、二象限时,$\sin\alpha>0$;当 $y<0$ 时,即角 α 的终边在第三、四象限时,$\sin\alpha<0$.

在单位圆中,$\cos\alpha = x$,所以当 $x>0$ 时,即角 α 的终边落在第一、四象限时,$\cos\alpha>0$;当 $x<0$ 时,即角 α 的终边落在第二、三象限时,$\cos\alpha<0$.

在单位圆中,$\tan\alpha = \dfrac{y}{x}$,所以当 x、y 同号时,即角 α 的终边落在第一、三象限时,$\tan\alpha>0$;当 x、y 异号时,即角 α 的终边落在第二、四象限时,$\tan\alpha<0$.

总结:三角函数在每个象限的符号如下:

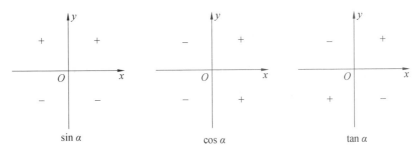

口诀:一全正,二正弦,三正切,四余弦.

【思考 2】30°、45°、60°、90°、120°、135°、150°、180°、270°、360° 是我们经常用到的角度,你能根据三角函数的定义求出这些特殊角的三角函数值吗?

角度 α	0°	30°	45°	60°	90°	120°	135°	150°	180°	270°	360°
α 的弧度	0	$\dfrac{\pi}{6}$	$\dfrac{\pi}{4}$	$\dfrac{\pi}{3}$	$\dfrac{\pi}{2}$	$\dfrac{2\pi}{3}$	$\dfrac{3\pi}{4}$	$\dfrac{5\pi}{6}$	π	$\dfrac{3\pi}{2}$	2π
$\sin\alpha$	0	$\dfrac{1}{2}$	$\dfrac{\sqrt{2}}{2}$	$\dfrac{\sqrt{3}}{2}$	1	$\dfrac{\sqrt{3}}{2}$	$\dfrac{\sqrt{2}}{2}$	$\dfrac{1}{2}$	0	-1	0
$\cos\alpha$	1	$\dfrac{\sqrt{3}}{2}$	$\dfrac{\sqrt{2}}{2}$	$\dfrac{1}{2}$	0	$-\dfrac{1}{2}$	$-\dfrac{\sqrt{2}}{2}$	$-\dfrac{\sqrt{3}}{2}$	-1	0	1
$\tan\alpha$	0	$\dfrac{\sqrt{3}}{3}$	1	$\sqrt{3}$	—	$-\sqrt{3}$	-1	$-\dfrac{\sqrt{3}}{3}$	0	—	0

【互学】

三、合作:自主学习,小组合作

例 1 判断下列三角函数值的符号:

(1)$\sin 120°$;(2)$\cos 300°$;(3)$\tan\dfrac{6\pi}{5}$.

例 2 计算：$-2\sin 60°-2\cos 150°+7\tan 45°$.

四、巩固：当堂检测，突破自我

1. 若 $\cos \alpha > 0$，且 $\tan \alpha < 0$，则角 α 在第 ____ 象限.

2. 计算：$\tan 0 - \sin 0 + 3\tan^2 \pi - \sin \dfrac{3\pi}{2} + \cos \pi$.

3*. 已知 $\sin \alpha < 0$，且 $\tan \alpha \cdot \cos \alpha > 0$，则角 α 在第 ____ 象限.

五、小结：画龙点睛，提纲挈领

1. 三角函数在各个象限的符号如下：

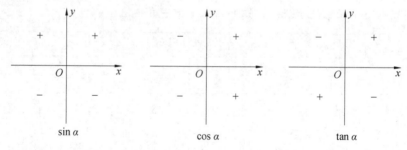

口诀：一全正，二正弦，三正切，四余弦.

2. 特殊角的三角函数值.

角度 α	0°	30°	45°	60°	90°	120°	135°	150°	180°	270°	360°
α 的弧度	0	$\dfrac{\pi}{6}$	$\dfrac{\pi}{4}$	$\dfrac{\pi}{3}$	$\dfrac{\pi}{2}$	$\dfrac{2\pi}{3}$	$\dfrac{3\pi}{4}$	$\dfrac{5\pi}{6}$	π	$\dfrac{3\pi}{2}$	2π
$\sin \alpha$	0	$\dfrac{1}{2}$	$\dfrac{\sqrt{2}}{2}$	$\dfrac{\sqrt{3}}{2}$	1	$\dfrac{\sqrt{3}}{2}$	$\dfrac{\sqrt{2}}{2}$	$\dfrac{1}{2}$	0	-1	0
$\cos \alpha$	1	$\dfrac{\sqrt{3}}{2}$	$\dfrac{\sqrt{2}}{2}$	$\dfrac{1}{2}$	0	$-\dfrac{1}{2}$	$-\dfrac{\sqrt{2}}{2}$	$-\dfrac{\sqrt{3}}{2}$	-1	0	1
$\tan \alpha$	0	$\dfrac{\sqrt{3}}{3}$	1	$\sqrt{3}$	—	$-\sqrt{3}$	-1	$-\dfrac{\sqrt{3}}{3}$	0	—	0

【评学】

六、互评：多元评价，促进成长

教师综合评价表				
评价项目		评价标准	分值	得分
考勤(10%)		无无故迟到、早退、旷课现象	10	
学习过程(60%)	课前准备	课前预习工作完善，准备充分	10	
	课堂参与	能够积极参与课堂活动的开展、展示	10	
	学习态度	态度端正，无故意扰乱课堂现象	10	
	合作能力	与小组成员协调关系、合作良好	10	
	职业素养	在学习过程中能体现本专业职业素养	10	
	创新意识	在课堂上有创新意识，提出不同见解	10	
学习结果(30%)	学习完整	能按时完成各环节学习任务	10	
	作业情况	能保证课堂课后作业正确率	10	
	成果展示	能准确表达、及时复述学习收获	10	
合计			100	

作业：课后巩固，夯实成果

一、选择题

1. $\cos\dfrac{\pi}{3}=(\quad)$.

A. $\dfrac{1}{2}$　　　　B. $-\dfrac{1}{2}$　　　　C. $\dfrac{\sqrt{3}}{2}$　　　　D. $-\dfrac{\sqrt{3}}{2}$

2. 已知 $\cos\alpha<0$，且 $\tan\alpha>0$，则角 α 为第（　　）象限角.

A. 一　　　　B. 二　　　　C. 三　　　　D. 四

3. 如果 $\dfrac{\pi}{2}<\alpha<\pi$，那么 $|\cos\alpha|$ 应为（　　）.

A. $\cos\alpha$　　　　B. $-\cos\alpha$　　　　C. $\pm\cos\alpha$　　　　D. $|\cos\alpha|$

4*. （多选）若角是第三象限角，则下列式子中恒为正的是（　　）.

A. $\sin\alpha+\cos\alpha$　　B. $\tan\alpha+\sin\alpha$　　C. $-\cos\alpha-\sin\alpha$　　D. $\tan\alpha-\sin\alpha$

二、填空题

5. 已知 $\tan\alpha>0$，则角 α 是第 ____ 象限角.

6*. 使函数 $\lg(\cos\alpha)$ 有意义的 α 在第 ____ 象限（α 为象限角）.

三、解答题

7. 计算：$2\sin\dfrac{\pi}{2} - \cos\pi + 3\tan\dfrac{\pi}{4} - 4\sin\dfrac{\pi}{6}$.

8*. 设角 α 是第二象限角，且 $|\cos 2\alpha| = \cos 2\alpha$，问：角 2α 是第几象限角？

4.4　同角三角函数的基本关系

【学习目标】

知识目标：

掌握同角三角函数的基本关系式并且会利用同角三角函数的基本关系式求解任意角的三角函数值.

技能目标：

在探究同角三角函数的基本关系的过程中培养学生分析问题以及研究问题的能力.

素养目标：

通过师生、生生互动，增强学生学好数学的热情和欲望，产生热爱数学的情感，培养数学运算及数据分析素养.

【学习重点】

同角三角函数的基本关系.

【学习难点】

探究同角三角函数的基本关系的过程.

【导学】

一、导入：复习旧知，导入课题

一般地，角 α 的终边与单位圆的交点为点 $P(x,y)$，那么
$\sin\alpha=?$；$\cos\alpha=?$；$\tan\alpha=?$

你能找出它们之间有何关系吗？请同学们小组讨论并回答．

二、精讲：突出重点，突破难点

一般地，角 α 的终边与单位圆的交点为点 $P(x,y)$，那么

$$\sin\alpha=y；\cos\alpha=x；\tan\alpha=\frac{y}{x}(x\neq 0)$$

如图所示：

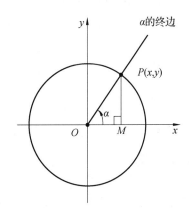

$\triangle ABC$ 是直角三角形，满足勾股定理，$|OM|^2+|PM|^2=|OP|^2$．

因此 $x^2+y^2=1$，即 $\sin^2\alpha+\cos^2\alpha=1$．

【思考1】 当角 α 的终边与坐标轴重合时，这个公式成立吗？

角 α 的终边与坐标轴重合有四种情况：角的终边在 x 轴非负半轴，在 y 轴的非负半轴，在 x 轴的非正半轴，在 y 轴的非正半轴．

当角的终边在 x 轴非负半轴时，与单位圆的交点为 $(1,0)$，

$$\sin\alpha=y=0；\cos\alpha=x=1$$

即 $\sin^2\alpha+\cos^2\alpha=1$．

其他三种情况亦可求得，满足 $\sin^2\alpha+\cos^2\alpha=1$．

【思考2】 1．同角的三角函数之间还有其他关系吗？

2．若已知某一确定角的正弦值与余弦值，你能否根据正余弦值求得正切值？

一般地，角 α 的终边与单位圆的交点为点 $P(x,y)$，那么

$$\sin \alpha = y \,;\, \cos \alpha = x \,;\, \tan \alpha = \frac{y}{x}(x \neq 0)$$

已知正余弦值，则正切值 $\tan \alpha = \frac{y}{x} = \frac{\sin \alpha}{\cos \alpha}$.

结论：同角三角函数间的基本关系：

$$\sin^2 \alpha + \cos^2 \alpha = 1$$

$$\tan \alpha = \frac{\sin \alpha}{\cos \alpha}$$

【互学】

三、合作：自主学习，小组合作

例1 已知 $\sin \alpha = -\frac{\sqrt{3}}{2}$，并且 α 是第四象限角，求 $\cos \alpha$，$\tan \alpha$ 的值.

例2 若 $\tan \alpha = 2$，则 $\frac{\sin \alpha + \cos \alpha}{\sin \alpha - \cos \alpha}$ 的值为 _____.

四、巩固：当堂检测，突破自我

1. 已知 $\cos \alpha = -\frac{5}{13}$，并且 α 是第三象限角，求 $\sin \alpha$，$\tan \alpha$ 的值

2. 若 $\tan \alpha = \frac{1}{2}$，则 $\frac{2\sin \alpha + \cos \alpha}{4\sin \alpha - 3\cos \alpha}$ 的值为 _____.

3*. 若 $\frac{\sin \alpha}{\cos \alpha} = 2$，则 $2\sin \alpha \cos \alpha$ 的值为 _____.

五、小结：画龙点睛，提纲挈领

同角三角函数的基本关系：$\sin^2 \alpha + \cos^2 \alpha = 1$；$\tan \alpha = \frac{\sin \alpha}{\cos \alpha}$.

变形：$\sin \alpha = \pm\sqrt{1 - \cos^2 \alpha}$；$\cos \alpha = \pm\sqrt{1 - \sin^2 \alpha}$.

具体符号由角 α 所在象限决定，若不确定角 α 在哪一象限，则有正负两个结果.

【评学】

六、互评：多元评价，促进成长

学生自评表			
评价项目	评价标准	价值	得分
考勤	无无故迟到、早退、旷课现象	10	
课前准备	课前预习工作完善，准备充分	10	
课堂参与	能够积极参与课堂活动的开展、展示	10	
学习态度	态度端正，无故意扰乱课堂现象	10	
合作能力	与小组成员协调关系、合作良好	10	
创新意识	在课堂上有创新意识，提出不同见解	10	
学习效能	学有所得，能按时按质完成课后作业	10	
数学素养	获得一定的数学抽象、逻辑推理、数学建模、数学运算、直观想象、数据分析能力	10	
职业素养	在学习过程中能体现本专业职业素养	10	
道德品质	通过学习获得一定的道德品质提升	10	
合计		100	

作业：课后巩固，夯实成果

一、选择题

1. 已知角 α 是第四象限角，则 $\sqrt{1-\sin^2\alpha}=$（　　）．

   A. $\cos\alpha$　　　　B. $\tan\alpha$　　　　C. $\pm\cos\alpha$　　　　D. $-\cos\alpha$

2. （多选）已知 $\cos\alpha=\dfrac{4}{5}$，则 $\sin\alpha=$（　　）．

   A. $\dfrac{3}{5}$　　　　B. $-\dfrac{3}{5}$　　　　C. $\dfrac{5}{3}$　　　　D. $-\dfrac{5}{3}$

3. 已知 $\dfrac{\sin^2\alpha+2\cos^2\alpha}{3\sin\alpha\cos\alpha}=\dfrac{3}{2}$，则 $\tan\alpha=$（　　）．

   A. $\dfrac{1}{2}$　　　　　　　　　　　　B. 4

   C. $\dfrac{1}{2}$ 或 4　　　　　　　　　　D. -4 或 $-\dfrac{1}{2}$

4*. 已知 $\sin\alpha+\sin^2\alpha=1$，则 $\cos^2\alpha+\cos^4\alpha=$（　　）．

A. 1　　　　　　B. 2　　　　　　C. $\sqrt{2}$　　　　　　D. $\sqrt{3}$

二、填空题

5. 已知 $\sin\alpha = \dfrac{m-3}{m+5}$，$\cos\alpha = \dfrac{4-2m}{m+5}$，则 $\tan\alpha = $ _____．

6*. 若 $\tan\alpha = 2$，则 $2\cos^2\alpha + \sin\alpha \cdot \cos\alpha$ 的值为 _____．

四、解答题

7. 已知 $\tan\alpha = \dfrac{3}{4}$，且 α 是第一象限角，求 $\sin\alpha$ 和 $\cos\alpha$．

8*. 若 $\dfrac{3\sin\alpha + \cos\alpha}{2\sin\alpha - \cos\alpha} = 2$，求 $4\sin\alpha\cos\alpha$ 的值．

4.5　诱导公式

【学习目标】

知识目标：

(1) 借助单位圆，推导出正弦、余弦和正切的诱导公式．

(2) 能正确运用诱导公式将任意角的三角函数化为锐角的三角函数，并解决有关三角函数求值和化简问题．

技能目标：

通过公式的应用，了解未知到已知、复杂到简单的转化过程，培养学生的化归思想，以及信息加工能力、运算推理能力、分析问题和解决问题的能力．

素养目标：

培养学生勇于探索、敢于创新的精神，从合作中获得成功的体验，感受数学的奇异美、结构的对称美、形式的简洁美．

【学习重点】

能运用诱导公式解决一些简单的求值、化简问题.

【学习难点】

诱导公式的推导、记忆及符号的判断.

【导学】

一、导入：创设情景，导入课题

【回顾】任意角三角函数的定义

【思考】1. 终边相同的角的三角函数值有什么关系？

2. 角 $-\alpha$ 与 α 的终边有何位置关系？

3. 角 $\pi+\alpha$ 与 α 的终边有何位置关系？

4. 角 $\pi-\alpha$ 与 α 的终边有何位置关系？

5. 角 $\dfrac{\pi}{2}-\alpha$ 与 α 的终边有何位置关系？

6. 已知任意角 α 的终边与单位圆相交于点 $P(x,y)$，请同学们思考回答点 P 关于原点、x 轴、y 轴、直线 $y=x$ 对称的四个点的坐标是什么？

二、精讲：突出重点，突破难点

探究 1 角 $2k\pi+\alpha(k\in \mathbf{Z})$ 与 α 的三角函数值之间的关系.

由三角函数的定义可知，终边相同的角的同名三角函数值相等，即

公式一　$\sin(k\cdot 2\pi+\alpha)=\sin\alpha$；$\cos(k\cdot 2\pi+\alpha)=\cos\alpha$；

$\tan(k\cdot 2\pi+\alpha)=\tan\alpha$；其中，$k\in \mathbf{Z}$.

由公式一可以将任意角的三角函数值转化为$[0，2\pi)$内的角的三角函数值.

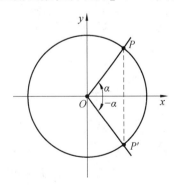

探究 2 角 α 与 $-\alpha$ 的三角函数值之间的关系.

设角 α 和 $-\alpha$ 的终边与单位圆的交点分别是点 P 和 P'，则点 P 的坐标为 $(\cos\alpha,$

sin α)，P′的坐标为(cos(−α)，sin(−α))．因为角 α 的终边和角 −α 的终边关于 x 轴对称，所以点 P 和 P′关于 x 轴对称，故它们的横坐标不变，纵坐标互为相反数．

公式二　$\sin(-\alpha)=-\sin\alpha$；$\cos(-\alpha)=\cos\alpha$；$\tan(-\alpha)=-\tan\alpha$．

由公式二可以将负角的三角函数值转化为正角的三角函数值．

探究 3　角 π+α 与 α 的三角函数值之间的关系．

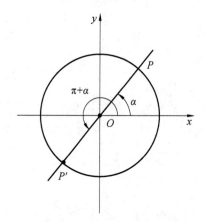

设角 α 和 π+α 的终边与单位圆的交点分别是点 P 和 P′，则点 P 的坐标为(cos α，sin α)，P′的坐标为(cos(π+α)，sin(π+α))．因为角 α 的终边和角 π+α 的终边关于原点中心对称，所以点 P 和 P′关于原点中心对称，故它们的横坐标、纵坐标都互为相反数．

公式三　$\sin(\pi+\alpha)=-\sin\alpha$；$\cos(\pi+\alpha)=-\cos\alpha$；$\tan(\pi+\alpha)=\tan\alpha$．

由公式三可以将角 π+α 的三角函数值转化为角 α 的三角函数值．

探究 4　角 π−α 与 α 的三角函数值之间的关系．

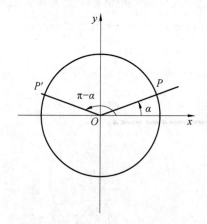

设角 α 和 π−α 的终边与单位圆的交点分别是点 P 和 P′，则点 P 的坐标为(cos α，sin α)，P′的坐标为(cos(π−α)，sin(π−α))．因为角 α 的终边和角 π−α 的终边关于 y 轴对称，所以点 P 和 P′关于 y 轴对称，故它们的纵坐标不变，横坐标互为相反数．

公式四　$\sin(\pi-\alpha)=\sin\alpha$；$\cos(\pi-\alpha)=-\cos\alpha$；$\tan(\pi-\alpha)=-\tan\alpha$．

由公式三可以将角 $\pi-\alpha$ 的三角函数值转化为角 α 的三角函数值.

【思考】以上四组公式有什么规律？

$\alpha+2k\pi(k\in \mathbf{Z})$，$-\alpha$，$\pi\pm\alpha$ 的三角函数值，等于 α 的同名函数值，前面加上一个把 α 看成锐角时原函数值的符号.

总结为一句话：**函数名不变，符号看象限**.

探究 5 角 $\dfrac{\pi}{2}-\alpha$ 与 α 的三角函数值之间的关系.

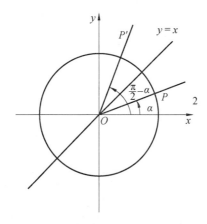

设角 α 和 $\dfrac{\pi}{2}-\alpha$ 的终边与单位圆的交点分别是点 P 和 P'，则点 P 的坐标为 $(\cos\alpha,\sin\alpha)$，P' 的坐标为 $\left(\cos\left(\dfrac{\pi}{2}-\alpha\right),\sin\left(\dfrac{\pi}{2}-\alpha\right)\right)$. 因为角 α 的终边和角 $\dfrac{\pi}{2}-\alpha$ 的终边关于直线 $y=x$ 对称，所以点 P 和 P' 关于直线 $y=x$ 对称，故点 P' 的坐标为 $(\sin\alpha,\cos\alpha)$.

公式五 $\sin\left(\dfrac{\pi}{2}-\alpha\right)=\cos\alpha$；$\cos\left(\dfrac{\pi}{2}-\alpha\right)=\sin\alpha$.

探究 6 角 $\dfrac{\pi}{2}+\alpha$ 与 α 的三角函数值之间的关系.

由于 $\dfrac{\pi}{2}+\alpha=\pi-\left(\dfrac{\pi}{2}-\alpha\right)$，由公式四和公式五得

公式六 $\sin\left(\dfrac{\pi}{2}+\alpha\right)=\cos\alpha$；$\cos\left(\dfrac{\pi}{2}+\alpha\right)=-\sin\alpha$.

公式五和公式六可实现正弦函数和余弦函数的相互转化.

【记忆方法】口诀：**奇变偶不变，符号看象限**.

口诀的意义：所有的诱导公式都可以看作 $k\cdot\dfrac{\pi}{2}\pm\alpha(k\in\mathbf{Z})$ 的三角函数值.

(1) 当 k 为偶数时，等于 α 的同名三角函数值，前面加上一个把 α 看作锐角时原三角函数值的符号；

(2)当 k 为奇数时,等于 α 的异名三角函数值,前面加上一个把 α 看作锐角时原三角函数值的符号.

其中的奇偶是指 $\frac{\pi}{2}$ 的奇偶数倍,变与不变是指三角函数名称的变化,若变,则是正弦变余弦,余弦变正弦;再根据角的范围以及原三角函数值在四个象限的正负来判断新三角函数的符号.

【互学】

三、合作:自主学习,小组合作

例 1 求下列三角函数值:

(1)$\cos 225°$; (2)$\sin\left(-\frac{7\pi}{6}\right)$; (3)$\sin\frac{8\pi}{3}$; (4)$\tan\left(-\frac{26\pi}{3}\right)$.

例 2 证明:(1)$\sin\left(\frac{3\pi}{2}-\alpha\right)=-\cos\alpha$;

(2)$\cos\left(\frac{3\pi}{2}-\alpha\right)=-\sin\alpha$.

例 3 化简 $\dfrac{\cos(\alpha-\pi)}{\sin(\pi-\alpha)}\cdot\sin\left(\alpha-\frac{\pi}{2}\right)\cdot\cos\left(\frac{\pi}{2}+\alpha\right)$.

四、巩固：当堂检测，突破自我

1. 求下列三角函数值：

(1) $\cos\dfrac{65}{6}\pi$； (2) $\sin\left(-\dfrac{9\pi}{2}\right)$； (3) $\tan 495°$； (4) $\sin 135°$.

2. 证明：(1) $\cos\left(\dfrac{7\pi}{2}+\alpha\right)=\sin\alpha$；

(2) $\sin\left(\dfrac{11\pi}{2}-\alpha\right)=-\cos\alpha$.

3. 化简：$\dfrac{\sin(\pi+\alpha)\cos(2\pi+\alpha)\tan(\pi+\alpha)}{\tan(-\pi-\alpha)\sin(-\pi-\alpha)\cos(2\pi-\alpha)}$.

五、小结：画龙点睛，提纲挈领

1. 诱导公式的两个应用.

(1) 求值：负化正，大化小，化到锐角为终了.

(2) 化简：统一角，统一名，同角名少为终了.

2. 含 2π 整数倍的诱导公式的应用.

由终边相同的角的关系可知，在计算含有 2π 的整数倍的三角函数式中可直接将 2π 的整数倍去掉后再进行运算．如 $\cos(5\pi-\alpha)=\cos(\pi-\alpha)=-\cos\alpha$.

【评学】

六、互评：多元评价，促进成长

学生互评表													
评价项目	分值	等级							评价成员（第_____组）				
									1	2	3	4	5	6
学习态度	10	优	10	良	8	中	6	差	4					
课堂纪律	10	优	10	良	8	中	6	差	4					
文明用语	10	优	10	良	8	中	6	差	4					
互帮互助	10	优	10	良	8	中	6	差	4					
学习效果	10	优	10	良	8	中	6	差	4					
创新意识	10	优	10	良	8	中	6	差	4					
参与小组活动	10	优	10	良	8	中	6	差	4					
任务单完成情况	10	优	10	良	8	中	6	差	4					
笔记情况	10	优	10	良	8	中	6	差	4					
小组贡献率	10	优	10	良	8	中	6	差	4					
合计	100													

作业：课后巩固，夯实成果

一、选择题

1. $\sin\dfrac{7\pi}{4} = (\quad)$.

   A. $-\dfrac{\sqrt{2}}{2}$　　B. $\dfrac{\sqrt{2}}{2}$　　C. $\dfrac{1}{2}$　　D. $-\dfrac{1}{2}$

2. 已知 $\sin\left(\dfrac{7\pi}{2}+\alpha\right)=\dfrac{3}{5}$，那么 $\cos\alpha=(\quad)$.

   A. $-\dfrac{4}{5}$　　B. $-\dfrac{3}{5}$　　C. $\dfrac{3}{5}$　　D. $\dfrac{4}{5}$

3. 已知函数 $f(x)=\begin{cases}\sin\pi x, & x\geqslant\dfrac{2}{3}\\ f(1-x), & x<\dfrac{1}{3}\end{cases}$，则 $f\left(-\dfrac{1}{6}\right)=(\quad)$.

   A. $-\dfrac{1}{2}$　　B. $\dfrac{1}{2}$　　C. $-\dfrac{\sqrt{3}}{2}$　　D. $\dfrac{\sqrt{3}}{2}$

4*. （多选）下列与 $\sin\theta$ 的值一定相等的是（　　）.

A. $\cos\left(\dfrac{\pi}{2}+\theta\right)$ B. $\sin\left(\dfrac{\pi}{2}-\theta\right)$

C. $\cos\left(\dfrac{\pi}{2}-\theta\right)$ D. $\sin(\pi-\theta)$

二、填空题

5. 已知 $\sin\theta=\dfrac{5}{13}$，$\theta\in\left(0,\dfrac{\pi}{2}\right)$，则 $\tan(\pi+\theta)=$ _____．

6*. 已知 $\sin\alpha=-\dfrac{\sqrt{3}}{2}$，且 $0\leqslant\alpha<2\pi$，则 $\alpha=$ _____

三、解答题

7. (1) 已知 $\tan\theta=2$，求 $\dfrac{\sin\left(\dfrac{3\pi}{2}+\theta\right)+\cos(\pi-\theta)}{\sin\left(\dfrac{\pi}{2}-\theta\right)-\sin(\pi-\theta)}$ 的值；

(2) 求 $\dfrac{\tan(\pi-\alpha)\cos(2\pi-\alpha)\sin\left(-\alpha+\dfrac{3\pi}{2}\right)}{\cos(-\alpha-\pi)\sin(-\pi-\alpha)}$ 的值；

8*. 已知 $\tan\theta=\dfrac{3}{2}$．

(1) 求 $\dfrac{\sin\theta(\sin\theta+\cos\theta)}{\cos^2\theta-1}$ 的值；

(2) 求 $\dfrac{2\sin^3(\pi+\theta)\tan(3\pi-\theta)\sin(-\theta)}{\cos\left(\dfrac{\pi}{2}+\theta\right)\cos\left(\dfrac{3\pi}{2}-\theta\right)}$ 的值．

4.6 正弦函数的图像与性质

4.6.1 正弦函数的图像

【学习目标】

知识目标：

知道描点法画出正弦函数在$[0,2\pi]$上的图像的步骤，能找出正弦函数在$[0,2\pi]$上的图像中关键的五个点，利用"五点法"作正弦函数图像.

技能目标：

通过学习正弦函数图像的画法，培养学生分析、观察和概括的能力.

素养目标：

培养学生勇于探索、积极主动学习的思想，提高学生学习数学的兴趣.

【学习重点】

用"五点法"作正弦函数的一个周期内图像.

【学习难点】

用"五点法"作正弦函数相关的函数图像.

【导学】

一、导入：创设情景，导入课题

如果今天是2023年6月15日星期四，那么七天前是周几？七天后又是周几？再过七天后又是周几？

二、精讲：突出重点，突破难点

探究1 周期函数.

对于函数$y=f(x)$，如果存在一个非零常数T，使得当x取定义域内任意一个值时，都有$f(x+T)=f(x)$，则称函数$y=f(x)$为周期函数．非零常数T为$y=f(x)$的一个周期．如果周期函数$y=f(x)$的所有周期中存在一个最小的整数T_0，那么这个最小的整数T_0就称为$y=f(x)$的最小正周期．

【思考】正弦函数$y=\sin x$是否是周期函数？

根据正弦函数有$\sin(x+2k\pi)=\sin x$，$k\in \mathbf{Z}$可得正弦函数是周期函数，周期有2π，

4π,6π,…,-2π,-4π,-6π,…,即常数 $2k\pi(k\in \mathbf{Z}$ 且 $k\neq 0)$ 都是它的周期,最小正周期是 2π.

探究 2 用描点法作出正弦函数.

作出 $y=\sin x$ 在 $[0,2\pi]$ 上的图像.

(1)列表:把区间 $[0,2\pi]$ 分成 12 等份,分别求出 $y=\sin x$ 在各分点及区间端点的函数值;

x	0	$\dfrac{\pi}{6}$	$\dfrac{\pi}{3}$	$\dfrac{\pi}{2}$	$\dfrac{2\pi}{3}$	$\dfrac{5\pi}{6}$	π
$y=\sin x$							
x	$\dfrac{7\pi}{6}$	$\dfrac{4\pi}{3}$	$\dfrac{3\pi}{2}$	$\dfrac{5\pi}{3}$	$\dfrac{11\pi}{6}$	2π	
$y=\sin x$							

(2)描点连线:根据表中 x,y 的数值在平面直角坐标系内描点 (x,y),再用平滑曲线顺次连接各点,就得到正弦函数 $y=\sin x$ 在 $[0,2\pi]$ 上的图像;

(3)画图.

观察函数 $y=\sin x$ 在 $[0,2\pi]$ 上的图像发现,在确定图像的形状时,以下五个点:_____,_____,_____,_____,_____,在确定图像形状时起到关键作用.描出这五个点,函数 $y=\sin x$ 在 $[0,2\pi]$ 上的图像形状就基本确定了.因此在精确度要求不高时常先找出这五个关键点,再用光滑的曲线将它们连接起来,得到正弦函数的简图.这种作图方法称为"五点法".

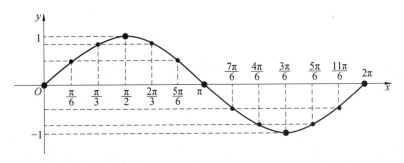

探究 3 正弦曲线.

因为正弦函数的周期是 2π,所以正弦函数值每隔 2π 重复出现一次.于是,我们只要

将函数 $y=\sin x$ 在 $[0,2\pi]$ 上的图像沿 x 轴向左或向右平移 $2k\pi(k\in \mathbf{Z},k\neq 0)$，就可得到正弦函数 $y=\sin x,x\in \mathbf{R}$ 的图像．正弦函数的图像也称为正弦曲线，它是一条"波浪起伏"的连续光滑曲线．

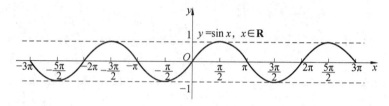

【互学】

三、合作：自主学习，小组合作

例 1　画出函数 $y=2\sin x,x\in[0,2\pi]$ 的简图．

例 2　设函数 $y=f(x),x\in \mathbf{R}$ 的周期为 2，且 $f(1)=1$，则 $f(3)$ 的值为多少？

四、巩固：当堂检测，突破自我

1. 画出函数 $y=\sin 2x,x\in[0,2\pi]$ 的简图．

2. 若函数 $f(x)=x^2$ 满足 $f(-2+4)=f(-2)=4$，那么函数 $f(x)=x^2$ 是以 4 为周期的函数吗？

五、小结：画龙点睛，提纲挈领

1. 描点法：关键是选定一个周期，把这个周期分成四等份，根据三个分点及两个点所对应的函数值确定出的点，确定函数图像的大致形状.

2. 作图像时自变量要用弧度制；在对精确度要求不太高时，作函数图像一般使用"五点法".

【评学】

六、互评：多元评价，促进成长

教师综合评价表				
评价项目		评价标准	分值	得分
考勤（10%）		无无故迟到、早退、旷课现象	10	
学习过程 （60%）	课前准备	课前预习工作完善，准备充分	10	
	课堂参与	能够积极参与课堂活动的开展、展示	10	
	学习态度	态度端正，无故意扰乱课堂现象	10	
	合作能力	与小组成员协调关系、合作良好	10	
	职业素养	在学习过程中能体现本专业职业素养	10	
	创新意识	在课堂上有创新意识，提出不同见解	10	
学习结果 （30%）	学习完整	能按时完成各环节学习任务	10	
	作业情况	能保证课堂课后作业正确率	10	
	成果展示	能准确表达、及时复述学习收获	10	
合计			100	

作业：课后巩固，夯实成果

一、选择题

1. 在同一平面直角坐标系内，函数 $y=\sin x$，$x\in[0,2\pi]$ 与 $y=\sin x$，$x\in[2\pi,4\pi]$ 的图像（　　）.

  A. 重合　　　　　　　　　　　　B. 形状相同，位置不同

  C. 关于 y 轴对称　　　　　　　　D. 形状不同，位置不同

2. 函数 $y=\sin x$，$x\in[0,2\pi]$ 的图像与直线 $y=-\dfrac{2}{3}$ 的交点的个数为（　　）.

  A. 0　　　　　B. 1　　　　　C. 2　　　　　D. 3

3. 函数 $y=1+\sin x$，$x\in[0,2\pi]$ 的大致图像是（　　）.

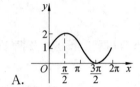
A.
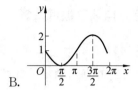
B.
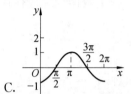
C.
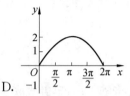
D.

4*.（多选）对于正弦函数 $y=\sin x$ 的图像，下列说法中正确的是(　　).

A. 自变量 x 可以是任意实数

B. $y=\sin x$ 图像上最大值点有无数多个

C. $y=\sin x$ 图像的对称轴有无数多条

D. 当 $x>0$ 时，$y>0$；当 $x<0$ 时，$y<0$；当 $x=0$ 时，$y=0$

二、填空题

5. 用"五点法"作函数 $y=2\sin x$ 在 $[0，2\pi]$ 上的图像时，应取的五个点依次为 _____，_____，_____，_____，_____.

6*. 已知 $\sin x=m-1$ 且 $x\in \mathbf{R}$，则 m 的取值范围是 _____.

三、解答题

7. 用"五点法"画出函数 $y=2+\dfrac{1}{2}\sin x$ 在 $[0，2\pi]$ 的简图.

8*. 已知函数 $f(x)=1-2\sin x$.

(1) 用"五点法"作出函数 $f(x)$ 在 $x\in[0，2\pi]$ 上的简图；

(2) 根据图像求 $f(x)\geqslant 1$ 在 $[0，2\pi]$ 上的解集.

4.6.2 正弦函数的性质

【学习目标】

知识目标：

根据正弦函数的图像理解正弦函数的性质.

技能目标：

1. 能通过正弦曲线分析正弦函数的性质.
2. 能利用正弦函数图像分析、解决相关问题.

素养目标：

通过作正弦函数的图像，培养勇于探索、勤于思考的科学素养.

【学习重点】

通过正弦函数图像理解正弦函数的性质.

【学习难点】

正弦函数性质的理解与应用.

【导学】

一、导入：复习巩固，导入课题

利用"五点法"作出正弦函数 $y=\sin x$ 在 $[-2\pi, 2\pi]$ 上的图像.

1. 列表.

x	-2π	$-\dfrac{3\pi}{2}$	$-\pi$	$-\dfrac{\pi}{2}$	0	$\dfrac{\pi}{2}$	π	$\dfrac{3\pi}{2}$	2π
$y=\sin x$									

2. 描点.

3. 连线.

二、精讲：突出重点，突破难点

观察正弦曲线，谈谈正弦函数的图像都有什么特点.

问题 1 正弦函数图像中 x 的取值范围是什么？

定义域： 正弦函数的定义域是 _____.

问题 2 图像中 y 在哪两条直线之间？

值域：正弦曲线分布在两条直线 ____ 和 ____ 之间，所以正弦函数的值域是 _____．

问题 3 以图像所经过的原点为起点，正弦函数图像可以看成由哪个简单图像平移得来？

周期性：正弦函数是周期为 _____ 的函数．

问题 4 当 x 为何值时，y 有最大值、最小值？其最大值、最小值分别是多少？

当 _____ 时，y 有 _____；

当 _____ 时，y 有 _____．

归纳：$|\sin x| \leqslant 1$，正弦函数是一个有界函数．

问题 5 正弦函数图像关于原点对称吗？证明其奇偶性．

证明：令 $f(x) = \sin x$，有 $x \in \mathbf{R}$ 关于原点对称，则

因为 $f(-x) = \sin(-x) = -\sin x$，

所以 $f(-x) = -\sin x = -f(x)$．

得证函数 $y = \sin x$ 在 **R** 上为奇函数．

归纳：正弦函数是 _____．

问题 6 根据图像上升或下降趋势，从图中找出函数的单调增（减）区间，并说说同类单调区间之间有何关系？

归纳：正弦函数 $y = \sin x$ 在每一个闭区间 _____ 上都是增函数，函数值从 -1 增大到 1；在每一个闭区间 _____ 上都是减函数，函数值从 1 减小到 -1．

【互学】

三、合作：自主学习，小组合作

例 1 若函数 $f(x) = \sin \omega x (\omega > 0)$ 的部分图像（一个周期）如图所示，则 $\omega = ($ $)$．

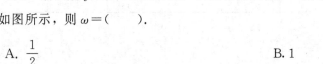

A. $\dfrac{1}{2}$ B. 1

C. 2   D. -2 或 2

例 2 已知 $\sin x = \dfrac{2m+1}{-2}$ 有意义，则实数 m 的取值范围是 _____．

例 3 求函数 $y = \sqrt{2\sin x - 1}$ 的定义域．

四、巩固：当堂检测，突破自我

1. 已知 $y=\sin x$，下列叙述中正确的是(　　).

   A. 在 $\left[0,\dfrac{\pi}{4}\right]$ 上单调递增　　　　B. 是偶函数

   C. 在 $\left[0,\dfrac{\pi}{4}\right]$ 上单调递减　　　　D. 值域为 **R**

2. 函数 $y=\sin 2x$ 的周期是(　　).

   A. $\dfrac{\pi}{2}$　　　　B. π　　　　C. 2π　　　　D. 4π

3. 不求值，比较下列各对正弦值的大小：

   (1) $\sin\dfrac{\pi}{8}$ 与 $\sin\dfrac{43\pi}{7}$；(2) $\sin\left(-\dfrac{\pi}{18}\right)$ 与 $\sin\left(-\dfrac{\pi}{10}\right)$.

4. 求函数 $f(x)=1+3\sin(x+2)$ 的最大值.

五、小结：画龙点睛，提纲挈领

1. 求函数定义域时，需考虑自变量所处位置是否具有特殊性，需根据其性质求解函数定义域，如，分母不为 0，偶次根号下的式子大于等于 0，对数函数中底数大于 0 且不等于 1 等.

2. 比较几个正弦函数值时，要充分考虑正弦函数的单调性，结合诱导公式和正弦曲线判断.

3. 在指定区域中求解函数的最值，先要弄清楚该函数在这个区域的单调性，再根据单调性求解最值. 注意误区：区间端点处不一定是最值.

【评学】

六、互评：多元评价，促进成长

学生自评表			
评价项目	评价标准	价值	得分
考勤	无无故迟到、早退、旷课现象	10	
课前准备	课前预习工作完善，准备充分	10	
课堂参与	能够积极参与课堂活动的开展、展示	10	
学习态度	态度端正，无故意扰乱课堂现象	10	
合作能力	与小组成员协调关系、合作良好	10	
创新意识	在课堂上有创新意识，提出不同见解	10	
学习效能	学有所得，能按时按质完成课后作业	10	
数学素养	获得一定的数学抽象、逻辑推理、数学建模、数学运算、直观想象、数据分析能力	10	
职业素养	在学习过程中能体现本专业职业素养	10	
道德品质	通过学习获得一定的道德品质提升	10	
合计		100	

作业：课后巩固，夯实成果

一、选择题

1. 函数 $y=4+\sin x$ 的最大值和最小值分别为（　　）.

　A. 5，3　　　　　B. 4，3　　　　　C. 5，4　　　　　D. 3，0

2. 函数 $y=2\sin x+3(x\in \mathbf{R})$ 的图像（　　）.

　A. 夹在直线 $y=1$ 与 $y=5$ 之间　　　　B. 夹在直线 $y=3$ 与 $y=5$ 之间

　C. 夹在直线 $y=-1$ 与 $y=5$ 之间　　　D. 夹在直线 $y=-1$ 与 $y=1$ 之间

3. 已知 $\sin \alpha=2m-3$，则 m 的取值范围是（　　）.

　A. $m\leqslant 1$　　　　　　　　　　　B. $m\geqslant 2$

　C. $1\leqslant m\leqslant 2$　　　　　　　D. $m\leqslant 1$ 或 $m\geqslant 2$

4*. （多选）已知函数 $y=\dfrac{1}{2}\sin 2x$，则（　　）.

　A. 函数最大值为 2　　　　　　　　　B. 函数最大值为 $\dfrac{1}{2}$

C. 周期 $T=\pi$ 　　　　　　　　　D. 周期 $T=\dfrac{\pi}{2}$

二、填空题

5. 函数 $y=\sin x$ 的值域是 _____．（用区间表示）

6*. 已知函数 $f(x)=2\sin\omega x$，利用"五点法"作图时所选的五点为 0，$\dfrac{\pi}{6}$，$\dfrac{\pi}{3}$，$\dfrac{\pi}{2}$，$\dfrac{2\pi}{3}$，则 ω 的值为 _____．

三、解答题

7. 已知函数 $f(x)=1+\sin x$．

(1) 在图中用"五点法"作出函数 $f(x)$ 在 $[0,2\pi]$ 上的图像；

(2) 求出函数 $f(x)$ 的最大值，并指出函数 $f(x)$ 取得最大值时 x 的集合．

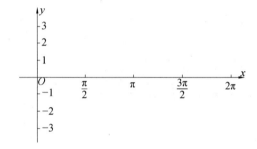

8*. 已知 $f(x)=2\sin x$，$x\in\left[-\dfrac{\pi}{6},\dfrac{2\pi}{3}\right]$，求 $f(x)$ 的最值．

4.7 余弦函数的图像与性质

【学习目标】

知识目标:

根据余弦函数的图像理解余弦函数的周期性、定义域、值域、奇偶性和单调性.

技能目标:

能用"五点法"作出余弦函数在$[0,2\pi]$上的图像.

素养目标:

通过正弦函数的学习,类比研究余弦函数的性质,提高数形结合思想.

【学习重点】

余弦函数的性质.

【学习难点】

用"五点法"作出余弦函数在一个周期内的图像.

【导学】

一、导入:创设情景,导入课题

我们可以用"五点法"作出正弦函数一个周期上的简图,那么余弦函数也有类似的作图方法吗?

活动1 利用"五点法"作出函数$y=\cos x$在$[-2\pi,2\pi]$上的简图.

1. 列表.

x	-2π	$-\dfrac{3\pi}{2}$	$-\pi$	$-\dfrac{\pi}{2}$	0	$\dfrac{\pi}{2}$	π	$\dfrac{3\pi}{2}$	2π
$y=\cos x$									

2. 描点.

3. 连线.

二、精讲:突出重点,突破难点

问题1 余弦函数的图像与正弦函数的图像有什么联系?

联系：可由正弦函数的图像沿 x 轴向左平移 _____ 个单位得到，或者沿 x 轴向右平移 _____ 个单位得到.

问题 2 类比正弦函数，你能分析得出余弦函数的哪些性质？

定义域：余弦函数的定义域是 _____.

值域：余弦曲线分布在两条直线 _____ 和 _____ 之间，所以余弦函数的值域是 _____.

周期性：余弦函数是周期为 _____ 的函数.

问题 3 当 x 为何值时，y 有最大值、最小值？其最大值、最小值分别是多少？

当 _____ 时，y 有 _____；

当 _____ 时，y 有 _____.

归纳：$|\cos x| \leqslant 1$，余弦函数是一个有界函数.

问题 4 余弦函数图像关于 y 轴对称吗？证明其奇偶性.

证明：令 $f(x) = \cos x$，有 $x \in \mathbf{R}$ 关于原点对称，则 $f(-x) = \cos(-x) = \cos x$，所以 $f(-x) = \cos x = f(x)$.

函数 $y = \cos x$ 在 $\mathbf{R}$ 上为偶函数.

归纳：余弦函数是 _____.

问题 5 根据图像上升或下降趋势，从图中找出函数的单调增（减）区间，并说说同类单调区间之间有何关系.

归纳：正弦函数 $y = \cos x$ 在每一个闭区间 _____ 上都是增函数，函数值从 -1 增大到 1；在每一个闭区间 _____ 上都是减函数，函数值从 1 减小到 -1.

【互学】

三、合作：自主学习，小组合作

例 1 函数 $f(x) = 2\cos\left(\dfrac{1}{2}x + \dfrac{\pi}{3}\right)$ 的最小正周期是（ ）.

A. $\dfrac{\pi}{2}$ B. π C. 2π D. 4π

例 2 函数 $y = \cos x$，$x \in \left[-\dfrac{\pi}{6}, \dfrac{\pi}{2}\right]$ 的值域是（ ）.

A. $\left[-\dfrac{1}{2}, 1\right]$ B. $[-1, 1]$ C. $\left[0, \dfrac{\sqrt{3}}{2}\right]$ D. $[0, 1]$

例 3 求函数 $y = 2\cos x + 3$ 的最大值、最小值及取得最大值、最小值时 x 的集合.

四、巩固：当堂检测，突破自我

1. $y = \cos x$ 是（　　）.

①增函数；②减函数；③奇函数；④偶函数；⑤周期函数.

A. ①③　　　　　　B. ②③　　　　　　C. ③⑤　　　　　　D. ④⑤

2. 函数 $y = 2\cos x - 1$ 的最大值、最小值分别是（　　）.

A. 2，-2　　　　B. 1，-3　　　　C. 1，-1　　　　D. 2，-1

3. 比较大小：$\cos 35°$ _____ $\cos 41°$.

4. 已知 $\cos \theta = \dfrac{m+1}{3}$，求 m 的取值范围.

五、小结：画龙点睛，提纲挈领

1. 余弦函数 $y = \cos x$ 的图像画法与正弦函数图像的画法相同，注意区别余弦曲线起关键作用的五点是 $(0, 1)$，$\left(\dfrac{\pi}{2}, 0\right)$，$(\pi, -1)$，$\left(\dfrac{3\pi}{2}, 0\right)$，$(2\pi, 1)$.

2. 求型如 $y = A\cos(\omega x + \varphi)$ 函数的最小正周期，可通过公式 $T = \dfrac{2\pi}{|\omega|}$ 求得.

3. 在指定区域中求解函数的最值，先要弄清楚该函数在这个区域的单调性，再根据单调性求解最值. 注意误区：区间端点处不一定是最值.

【评学】

六、互评：多元评价，促进成长

学生互评表												
评价项目	分值	等级							评价成员（第_____组）			
									1	2	3	4	5	6
学习态度	10	优	10	良	8	中	6	差	4					
课堂纪律	10	优	10	良	8	中	6	差	4					
文明用语	10	优	10	良	8	中	6	差	4					
互帮互助	10	优	10	良	8	中	6	差	4					
学习效果	10	优	10	良	8	中	6	差	4					

续表

学生互评表											
创新意识	10	优	10	良	8	中	6	差	4		
参与小组活动	10	优	10	良	8	中	6	差	4		
任务单完成情况	10	优	10	良	8	中	6	差	4		
笔记情况	10	优	10	良	8	中	6	差	4		
小组贡献率	10	优	10	良	8	中	6	差	4		
合计	100										

作业：课后巩固，夯实成果

一、选择题

1. 下列叙述中正确的是(　　).

A. $y=\cos x$ 关于 x 轴对称，是偶函数　　B. $y=\cos x$ 关于原点对称，是奇函数

C. $y=\cos x$ 关于 y 轴对称，是偶函数　　D. $y=\cos x$ 关于原点对称，是偶函数

2. 若 $\cos x+2m=1$，$x\in \mathbf{R}$，则实数 m 的取值范围是(　　).

A. $[-1,1]$　　B. $[0,1]$　　C. $[-1,0]$　　D. $[-1,2]$

3. 函数 $f(x)=-\cos x+3$ 的值域是(　　).

A. $[-4,2]$　　B. $[2,4]$　　C. $[-4,-2]$　　D. $[-2,4]$

4*. (多选)已知函数 $y=\dfrac{1}{2}\cos\left(\dfrac{1}{2}x-\dfrac{\pi}{6}\right)+\dfrac{3}{2}$，则(　　).

A. 函数最大值为 2

B. 函数最大值为 $\dfrac{3}{2}$

C. 周期 $T=2\pi$

D. 周期 $T=4\pi$

二、填空题

5. 写出函数 $y=2\cos x$ 在区间 $\left[\pi,\dfrac{3}{2}\pi\right]$ 的单调性 _____．（从"单调递增"或"单调递减"中选一个）

6*. 函数 $f(x)=-3\cos 2x$ 在 $[0,2\pi)$ 的减区间为 _____．

三、解答题

7. 用"五点法"画余弦函数 $y=\cos x$ 在 $x\in\left[-\dfrac{\pi}{2},\dfrac{3\pi}{2}\right]$ 内的大致图像．

8*. 设 $\cos x > 0$,求 x 的取值范围.

4.8　已知三角函数值求角

【学习目标】

知识目标:

由三角函数值求指定范围内的角,会利用诱导公式求特殊角.

技能目标:

应用计算器求出指定范围内满足三角函数值的角.

素养目标:

培养学生通过数形结合的思想解决实际问题的能力.

【学习重点】

已知特殊角的三角函数值求角.

【学习难点】

掌握已知正弦函数值、余弦函数值、正切函数值求角的方法.

【导学】

一、导入:复习巩固,导入课题

根据之前所学内容完成下列课前任务:

任务1　填写表格.

α(角度制)	0°		45°		90°
α(弧度制)	0	$\dfrac{\pi}{6}$		$\dfrac{\pi}{3}$	
$\sin \alpha$			$\dfrac{\sqrt{2}}{2}$		1
$\cos \alpha$		$\dfrac{\sqrt{3}}{2}$		$\dfrac{1}{2}$	0
$\tan \alpha$	0			$\sqrt{3}$	不存在

任务2　诱导公式($k \in \mathbf{Z}$).

$$\begin{cases}\sin(2k\pi+\alpha)=\\ \cos(2k\pi+\alpha)=\\ \tan(2k\pi+\alpha)=\end{cases} \quad \begin{cases}\sin(-\alpha)=\\ \cos(-\alpha)=\\ \tan(-\alpha)=\end{cases} \quad \begin{cases}\sin(\pi+\alpha)=\\ \cos(\pi+\alpha)=\\ \tan(\pi+\alpha)=\end{cases}$$

$$\begin{cases}\sin(\pi-\alpha)=\\ \cos(\pi-\alpha)=\\ \tan(\pi-\alpha)=\end{cases} \quad \begin{cases}\sin\left(\dfrac{\pi}{2}+\alpha\right)=\\ \cos\left(\dfrac{\pi}{2}+\alpha\right)=\end{cases} \quad \begin{cases}\sin\left(\dfrac{\pi}{2}-\alpha\right)=\\ \cos\left(\dfrac{\pi}{2}-\alpha\right)=\end{cases}$$

二、精讲：突出重点，突破难点

求出正弦函数 $y=\sin x$ 与直线 $y=\dfrac{1}{2}$ 在 $[0,2\pi]$ 上的交点.

第一步 利用"五点法"在同一平面直角坐标系中画出正弦函数 $y=\sin x$ 与直线 $y=\dfrac{1}{2}$ 在 $[0,2\pi]$ 上的草图；

第二步 联立可得 $\begin{cases}y=\sin x\\ y=\dfrac{1}{2}\end{cases} \Rightarrow \sin x=\dfrac{1}{2}\Rightarrow x=\dfrac{\pi}{6}$ 或 $\dfrac{5\pi}{6}$（由 $x\in[0,2\pi]$）；

第三步 所以交点有 2 个，分别为 $\left(\dfrac{\pi}{6},\dfrac{1}{2}\right)$ 和 $\left(\dfrac{5\pi}{6},\dfrac{1}{2}\right)$.

【互学】

三、合作：自主学习，小组合作

例 1 不等式 $\sin x\geqslant\dfrac{\sqrt{2}}{2}$，$x\in(0,2\pi)$ 的解集为（　　）.

A. $\left[\dfrac{\pi}{6},\dfrac{\pi}{2}\right]$　　　　B. $\left[\dfrac{\pi}{4},\dfrac{3\pi}{4}\right]$　　　　C. $\left[\dfrac{\pi}{2},\dfrac{3\pi}{4}\right]$　　　　D. $\left[\dfrac{\pi}{6},\dfrac{\pi}{4}\right]$

例 2 判断 $\tan 2\,022°$ 的最后结果是（　　）.

A. 正数　　　　B. 负数　　　　C. 零　　　　D. 不确定

四、巩固：当堂检测，突破自我

1. $\sin 30°=$（　　）.

A. $\dfrac{1}{2}$　　　　B. $\dfrac{\sqrt{3}}{2}$　　　　C. $-\dfrac{1}{2}$　　　　D. $-\dfrac{\sqrt{3}}{2}$

2. 若 α 是第二象限角，则点 $(\sin\alpha,\cos\alpha)$ 在（　　）.

A. 第一象限　　　B. 第二象限　　　C. 第三象限　　　D. 第四象限

3. 已知正弦函数 $y=\sin x$，在区间 $[0,\pi]$ 上，有（   ）x 满足 $\sin x=\dfrac{1}{2}$.

A. 1个 B. 2个 C. 3个 D. 4个

4. 在 $\triangle ABC$ 中，若 $\sin A=\dfrac{1}{2}$，$\tan B=\dfrac{\sqrt{3}}{3}$，则 $\cos C=$ _____.

五、小结：画龙点睛，提纲挈领

1. 解答已知特殊角的三角函数值求角问题的一般思路：利用诱导公式将指定范围内的三角函数转化为锐角三角函数，再借助三角函数图像分析可得.

2. 如由三角函数值求任意角，先确定角所在的象限，求出一个周期内满足条件的角，然后根据函数的周期性写出指定范围内符合条件的角.

【评学】

六、互评：多元评价，促进成长

	教师综合评价表			
评价项目		评价标准	分值	得分
考勤（10%）		无无故迟到、早退、旷课现象	10	
学习过程（60%）	课前准备	课前预习工作完善，准备充分	10	
	课堂参与	能够积极参与课堂活动的开展、展示	10	
	学习态度	态度端正，无故意扰乱课堂现象	10	
	合作能力	与小组成员协调关系、合作良好	10	
	职业素养	在学习过程中能体现本专业职业素养	10	
	创新意识	在课堂上有创新意识，提出不同见解	10	
学习结果（30%）	学习完整	能按时完成各环节学习任务	10	
	作业情况	能保证课堂课后作业正确率	10	
	成果展示	能准确表达、及时复述学习收获	10	
合计			100	

作业：课后巩固，夯实成果

一、选择题

1. 已知角 α 的终边经过点 $P(4,-3)$，则 $\sin\alpha=$（   ）.

A. $-\dfrac{3}{4}$ B. $-\dfrac{3}{5}$ C. $\dfrac{4}{5}$ D. $\dfrac{4}{3}$

2. 若 $\sin\alpha>0$，$\cos\alpha<0$，则角 α 的终边在（　　）.

A. 第一象限　　　B. 第二象限　　　C. 第三象限　　　D. 第四象限

3. $\cos 45°$ 的值为（　　）.

A. $-\dfrac{\sqrt{2}}{2}$　　　B. $\dfrac{\sqrt{2}}{2}$　　　C. $-\dfrac{1}{2}$　　　D. $\dfrac{1}{2}$

4*. （多选）下列各三角函数值的符号为负的是（　　）.

A. $\sin\dfrac{2\pi}{3}$　　　B. $\tan 215°$　　　C. $\sin 181°$　　　D. $\cos\left(-\dfrac{59\pi}{17}\right)$

二、填空题

5. $\sin 180°=$ _____.

6*. 若角 α 满足 $\sin\alpha\cdot\cos\alpha<0$，$\cos\alpha-\sin\alpha<0$，则 α 在 _____ 象限角.

三、解答题

7. 已知特殊三角函数值求指定区间内的角：

(1) $\sin x=\dfrac{\sqrt{3}}{2}$，$x\in[0,\pi]$；

(2) $\cos x=-\dfrac{1}{2}$，$x\in[0,2\pi]$；

(3) $\sin x=\dfrac{\sqrt{2}}{2}$，$x\in\mathbf{R}$；

(4) $\cos x=-\dfrac{\sqrt{3}}{2}$，$x\in[-\pi,\pi]$.

8*. 海中有一小岛 B，周围 3.8 海里①内有暗礁，军舰由西向东航行到 A 处，望见岛 B 在北偏东 $75°$ 的方向上；军舰又航行了 8 海里到达 C 处，望见岛 B 在北偏东 $60°$ 的方向上．若此军舰不改变航向而继续前进，有无触礁危险？

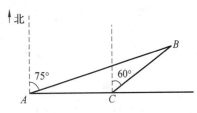

---

① 1 海里=1.852 千米．

第四章 三角函数单元检测卷(A)

一、单选题

1. 若 $\sin x = 0$,则 $x = ($ $)$.

   A. $2k\pi, k \in \mathbf{Z}$ B. $\pi + 2k\pi, k \in \mathbf{Z}$

   C. $k\pi, k \in \mathbf{Z}$ D. $\dfrac{\pi}{2} + 2k\pi, k \in \mathbf{Z}$

2. 已知角 α 的终边经过点 $P(-1, 2)$,则下列各式中正确的是( ).

   A. $\sin \alpha = \dfrac{2}{\sqrt{3}}$ B. $\sin \alpha = -\dfrac{2}{\sqrt{3}}$

   C. $\cos \alpha = -\dfrac{1}{\sqrt{5}}$ D. $\cos \alpha = -\dfrac{2}{\sqrt{5}}$

3. $330°$ 用弧度表示为( ).

   A. $\dfrac{5\pi}{3}$ B. $\dfrac{4\pi}{3}$ C. $\dfrac{11\pi}{6}$ D. $\dfrac{7\pi}{6}$

4. 设 $\sin \alpha > 0$,$\cos \alpha > 0$,则角 α 为( ).

   A. 第一象限角   B. 第二象限角   C. 第三象限角   D. 第四象限角

5. $-50°$ 角的终边在( ).

   A. 第一象限   B. 第二象限   C. 第三象限   D. 第四象限

6. 已知点 $P(x, 2)$ 在角 α 终边上,且 $\sin \alpha = \dfrac{2}{5}$,则 $x = ($ $)$.

   A. 5 B. ± 5 C. $\sqrt{21}$ D. $\pm\sqrt{21}$

7. 已知 $4\sin \alpha + 3\cos \alpha = 0$,则 $\tan \alpha$ 的值是( ).

   A. $\dfrac{3}{4}$ B. $-\dfrac{3}{4}$ C. $\dfrac{4}{3}$ D. $-\dfrac{4}{3}$

8. 已知 $\sin x = \dfrac{1}{2}$,$x \in \left[\dfrac{\pi}{2}, \dfrac{3\pi}{2}\right]$,那么 $x = ($ $)$.

   A. $\dfrac{\pi}{6}$ B. $\dfrac{\pi}{3}$ C. $\dfrac{2\pi}{3}$ D. $\dfrac{5\pi}{6}$

二、多选题

9. 已知角 α 的终边过点 $P(-3m, 4m)$,$m \neq 0$,则 $\sin \alpha + 2\cos \alpha$ 的值为( ).

   A. $-\dfrac{2}{5}$ B. $-\dfrac{3}{5}$ C. $\dfrac{2}{5}$ D. $\dfrac{3}{5}$

10. 下列选项中正确的有(　　).

A. $\dfrac{\sin 100°}{\cos 100°}=\tan 100°$ B. $15°=\dfrac{\pi}{12}$

C. $\cos(-120°)=\dfrac{1}{2}$ D. $\sin^2 30°+\cos^2(-30°)=1$

11. 已知角 A，B，C 是 $\triangle ABC$ 的三个内角，下列结论中一定成立的有(　　).

A. $\sin(B+C)=\sin A$

B. 若 $\sin A=\sin B$，则 $\triangle ABC$ 是等腰三角形

C. 若 $\sin A>\sin B$，则 $A>B$

D. 若 $\triangle ABC$ 是锐角三角形，则 $\sin A>\cos B$

12. 已知函数 $y=\sin x-\cos^2 x$，且 x 为第三象限角，则下列说法中错误的是(　　).

A. 函数图像关于 $x=-\dfrac{1}{2}$ 对称

B. 函数有最大值 -1

C. 函数有最小值 $-\dfrac{5}{4}$

D. 函数图像不经过第一、二四象限

三、填空题

13. 计算：$\sin 90°+2\cos 270°+\tan 180°-\cos 0°=$ _____.

14. 若 $\sin(2\pi-\alpha)=-\dfrac{12}{13}$，则 $\sin\alpha=$ _____.

15. 设 $\sin\alpha=\dfrac{\sqrt{3}}{2}$，且 α 是第一象限的角，则 $\cos\alpha=$ _____.

16. 与 $-40°$ 角终边相同的角的集合为 _____.

四、解答题

17. 已知 $\cos\alpha=\dfrac{1}{5}$，且 α 是第四象限角，求 $\sin\alpha$，$\tan\alpha$.

18. 已知函数 $f(x) = \sin x$, $x \in [0, 2\pi]$.

(1) 用"五点法"作出该函数的简图; (2) 若 $f(x) = \dfrac{\sqrt{3}}{2}$, 求 x.

19. (1) 已知一段圆弧长为 20 m, 它所对的圆心角为 200°, 求圆弧所在圆的半径;

(2) 已知一段圆弧所对的圆心角为 120°, 圆弧所在圆半径为 2 cm, 求该圆弧的弧长.

20. 已知 $\tan \alpha = -3$, 试求 $\dfrac{4\sin \alpha - 2\cos \alpha}{3\sin \alpha + 5\cos \alpha}$ 的值.

21. 化简: $\dfrac{\cos(\alpha - \pi)\tan^2(-\alpha)}{\sin(\pi - \alpha)\cos(5\pi + \alpha)\tan(\pi + \alpha)}$.

22. 已知函数 $f(x)=a\cos\left(x+\dfrac{\pi}{6}\right)$ 的图像经过点 $\left(\dfrac{\pi}{2}, -\dfrac{1}{2}\right)$.

(1) 求 a 的值；

(2) 若 $\sin\theta=\dfrac{1}{3}$，$0<\theta<\dfrac{\pi}{2}$，求 $f(\theta)$.

第四章 三角函数单元检测卷(B)

一、单选题

1. 已知 $\sin\alpha\cos\alpha > 0$，则角 α 是( ).

   A. 第一或第三象限角 B. 第一或第四象限角

   C. 第二或第三象限角 D. 第二或第四象限角

2. 已知角 α 的终边过点 $(-1,2)$，则 $\sin\alpha\cos\alpha + \tan\alpha = ($ $)$.

   A. $-\dfrac{8}{5}$ B. $\dfrac{8}{5}$ C. $\dfrac{12}{5}$ D. $-\dfrac{12}{5}$

3. 已知 $P(1,3)$ 为角 α 终边上一点，则 $\dfrac{2\sin\alpha - \cos\alpha}{\sin\alpha + 2\cos\alpha} = ($ $)$.

   A. -7 B. 1 C. 2 D. 3

4. 函数 $y = 2 - 3\cos x$ 的最大值是( ).

   A. 2 B. 3 C. 4 D. 5

5. $\sin\dfrac{19\pi}{6} = ($ $)$.

   A. $\dfrac{1}{2}$ B. $-\dfrac{1}{2}$ C. $\dfrac{\sqrt{3}}{2}$ D. $-\dfrac{\sqrt{3}}{2}$

6. 下列说法中正确的是( ).

   A. 第一象限的角都是锐角

   B. 经过 2 h，时针转过的角是 $60°$

   C. $475°$ 是第三象限的角

   D. 终边在 x 轴上的角的集合是 $\{\alpha \mid \alpha = k\pi, k \in \mathbf{Z}\}$

7. 如果角 α 是第三象限的角，则 $\sqrt{\cos^2\alpha} = ($ $)$.

   A. $\cos\alpha$ B. $-\cos\alpha$ C. $\sin\alpha$ D. $-\sin\alpha$

8. $\alpha = \dfrac{19}{3}\pi$，则( ).

   A. $\sin\alpha > 0$, $\cos\alpha > 0$ B. $\sin\alpha < 0$, $\cos\alpha < 0$

   C. $\sin\alpha > 0$, $\cos\alpha < 0$ D. $\sin\alpha < 0$, $\cos\alpha > 0$

二、多选题

9. 下列各三角函数值的符号为负的是( ).

A. $\sin\dfrac{2\pi}{3}$ B. $\tan 215°$ C. $\sin 181°$ D. $\cos\left(-\dfrac{59\pi}{17}\right)$

10. $\tan\left(\dfrac{3\pi}{2}-\alpha\right)=$（   ）.

A. $\tan\alpha$ B. $\cot\alpha$ C. $\tan(\pi+\alpha)$ D. $\cot(\pi+\alpha)$

11. 下列算式中正确的是（   ）.

A. $\sin\left(\dfrac{5\pi}{2}+x\right)=\cos x$ B. $\cos 2\alpha=\sin^2\alpha-\cos^2\alpha$

C. $\cos\left(\dfrac{\pi}{2}+\alpha\right)=\cos\alpha$ D. $\sin(\pi+\alpha)=-\sin\alpha$

12. 已知函数 $y=\dfrac{1}{2}\sin 2x$，则（   ）.

A. 函数最大值为 2 B. 函数最大值为 $\dfrac{1}{2}$

C. 周期 $T=\pi$ D. 周期 $T=\dfrac{\pi}{2}$

三、填空题

13. 已知角 α 终边与直线 $y=3x$ 重合，则 $\tan\alpha=$ _____ .

14. 比较大小：$\sin\dfrac{\pi}{5}$ _____ $\sin\dfrac{\pi}{4}$，$\sin\left(-\dfrac{7\pi}{5}\right)$ _____ $\sin\left(-\dfrac{3\pi}{5}\right)$.

15. 若扇形的半径为 10 cm，圆心角为 60°，则该扇形的弧长 $l=$ _____ .

16. 已知角 A 是 $\triangle ABC$ 的内角，$\cos A=\dfrac{1}{2}$，则角 $A=$ _____ .

四、解答题

17. 已知 $\tan\alpha=2$，求：

(1) $\dfrac{6\sin\alpha+\cos\alpha}{3\sin\alpha-2\cos\alpha}$；

(2) $\sin^2\alpha-\cos^2\alpha$.

18. 已知函数 $f(x)=\sin(2\omega x+\varphi)$，$\left(\text{其中}\ \omega>0,\ |\varphi|<\dfrac{\pi}{2}\right)$ 的最小正周期为 π，它的一个对称中心为 $\left(\dfrac{\pi}{6},0\right)$.

(1) 求函数 $y=f(x)$ 的解析式；

(2) 求函数 $f(x)$ 在 $[0,\pi]$ 上的单调递增区间.

19. 求函数 $y=2\cos x+3$ 的最大值、最小值及取得最大值、最小值时 x 的集合.

20. (1) 利用诱导公式求三角函数值：

$\cos\dfrac{13\pi}{3}$； $\sin\left(-\dfrac{7\pi}{3}\right)$.

(2) 计算：

$5\sin\dfrac{\pi}{2}+2\cos 0-3\sin\dfrac{3\pi}{2}+10\cos\pi$；

$\sin 360°-2\cos 90°+3\sin 180°-4\tan 180°+5\cos 360°$.

21. 已知 $3\sin(\pi+\alpha)-\cos(\pi-\alpha)=0$.

(1)求 $\tan \alpha$ 的值；

(2)求 $\dfrac{4\sin 2\alpha-3\cos^2\alpha}{1+\cos 2\alpha}$ 的值.

22. 已知扇形 AOB 的周长为 8.

(1)若这个扇形的面积为 3，求其圆心角的大小；

(2)求该扇形的面积取得最大时，圆心角的大小和弦长 AB.

参考答案